GOTTHOLD EPHRAIM LESSING

MINNA VON BARNHELM
oder das Soldatenglück

EIN LUSTSPIEL IN FÜNF AUFZÜGEN
VERFERTIGET IM JAHRE 1763

MIT EINEM ANHANG:
ZUR ENTSTEHUNG UND WIRKUNG
VON LESSINGS »MINNA VON BARNHELM«

PHILIPP RECLAM JUN. STUTTGART

Der Text folgt: Lessings Werke. Vollständige Ausgabe in fünfundzwanzig Teilen. Herausgegeben von Julius Petersen und Waldemar von Olshausen. Zweiter Teil. Berlin/Leipzig/Wien/Stuttgart: Bong, [1925]. – Die Orthographie wurde behutsam modernisiert.

Erläuterungen und Dokumente zu Lessings „Minna von Barnhelm" liegen unter Nr. 8108 in Reclams Universal-Bibliothek vor, eine Interpretation ist enthalten in dem Band *Lessings Dramen* der Reihe „Interpretationen", Universal-Bibliothek Nr. 8411.

Universal-Bibliothek Nr. 10
© 1962 Philipp Reclam jun. GmbH & Co., Stuttgart
Gesamtherstellung: Reclam, Ditzingen. Printed in Germany 1994
RECLAM und UNIVERSAL-BIBLIOTHEK sind eingetragene
Warenzeichen der Philipp Reclam jun. GmbH & Co., Stuttgart
ISBN 3-15-000010-6

PERSONEN

Major von Tellheim, *verabschiedet*
Minna von Barnhelm
Graf von Bruchsall, *ihr Oheim*
Franziska, *ihr Mädchen*
Just, *Bedienter des Majors*
Paul Werner, *gewesener Wachtmeister des Majors*
Der Wirt
Eine Dame in Trauer
Ein Feldjäger
Riccaut de la Marlinière

Die Szene ist abwechselnd in dem Saale eines Wirtshauses und einem daranstoßenden Zimmer.

ERSTER AUFZUG

ERSTER AUFTRITT

Just sitzet in einem Winkel, schlummert und redet im Traume.

5   Schurke von einem Wirte! Du, uns? – Frisch, Bruder! –
Schlag zu, Bruder! *(Er holt aus und erwacht durch die Bewegung.)* Heda! schon wieder? Ich mache kein Auge zu, so schlage ich mich mit ihm herum. Hätte er nur erst die Hälfte von allen den Schlägen! – – Doch sieh,
10 es ist Tag! Ich muß nur bald meinen armen Herrn aufsuchen. Mit meinem Willen soll er keinen Fuß mehr in das vermaledeite Haus setzen. Wo wird er die Nacht zugebracht haben?

ZWEITER AUFTRITT

15   *Der Wirt. Just.*

D e r   W i r t. Guten Morgen, Herr Just, guten Morgen! Ei, schon so früh auf? Oder soll ich sagen: noch so spät auf?
20 J u s t. Sage Er, was Er will.
D e r   W i r t. Ich sage nichts als „Guten Morgen"; und das verdient doch wohl, daß Herr Just „Großen Dank" darauf sagt?
J u s t. Großen Dank!
D e r   W i r t. Man ist verdrießlich, wenn man seine gehö-
25 rige Ruhe nicht haben kann. Was gilt's, der Herr Major ist nicht nach Hause gekommen, und Er hat hier auf ihn gelauert?
J u s t. Was der Mann nicht alles erraten kann!
D e r   W i r t. Ich vermute, ich vermute.
30 J u s t *(kehrt sich um und will gehen).* Sein Diener!

D e r   W i r t *(hält ihn).* Nicht doch, Herr Just!

J u s t. Nun gut; nicht Sein Diener!

D e r   W i r t. Ei, Herr Just! ich will doch nicht hoffen,
Herr Just, daß Er noch von gestern her böse ist? Wer
wird seinen Zorn über Nacht behalten?   5

J u s t. Ich; und über alle folgende Nächte.

D e r   W i r t. Ist das christlich?

J u s t. Ebenso christlich, als einen ehrlichen Mann, der
nicht gleich bezahlen kann, aus dem Hause stoßen, auf
die Straße werfen.   10

D e r   W i r t. Pfui, wer könnte so gottlos sein?

J u s t. Ein christlicher Gastwirt. – Meinen Herrn! so
einen Mann! so einen Offizier!

D e r   W i r t. Den hätte ich aus dem Hause gestoßen?
auf die Straße geworfen? Dazu habe ich viel zu viel   15
Achtung für einen Offizier und viel zu viel Mitleid
mit einem abgedankten! Ich habe ihm aus Not ein
ander Zimmer einräumen müssen. – Denke Er nicht
mehr daran, Herr Just. *(Er ruft in die Szene.)* Holla!
– Ich will's auf andere Weise wiedergutmachen. *(Ein*   20
Junge kömmt.) Bring ein Gläschen; Herr Just will ein
Gläschen haben; und was Gutes!

J u s t. Mache Er sich keine Mühe, Herr Wirt. Der Tropfen soll zu Gift werden, den – Doch ich will nicht
schwören; ich bin noch nüchtern!   25

D e r   W i r t *(zu dem Jungen, der eine Flasche Likör und
ein Glas bringt).* Gib her; geh! – Nun, Herr Just, was
ganz Vortreffliches; stark, lieblich, gesund. *(Er füllt
und reicht ihm zu.)* Das kann einen überwachten Ma-
gen wieder in Ordnung bringen!   30

J u s t. Bald dürfte ich nicht! – Doch warum soll ich
meiner Gesundheit seine Grobheit entgelten lassen? –
(Er nimmt und trinkt.)

D e r   W i r t. Wohl bekomm's, Herr Just!

J u s t *(indem er das Gläschen wieder zurückgibt).* Nicht   35
übel! – Aber, Herr Wirt, Er ist doch ein Grobian!

D e r   W i r t. Nicht doch, nicht doch! – Geschwind noch
eins; auf einem Beine ist nicht gut stehen.

J u s t *(nachdem er getrunken).* Das muß ich sagen: gut,
sehr gut! – Selbst gemacht, Herr Wirt? –   40

D e r W i r t. Behüte! veritabler Danziger! echter, doppelter Lachs!

J u s t. Sieht Er, Herr Wirt; wenn ich heucheln könnte, so würde ich für so was heucheln; aber ich kann nicht; es muß raus: – Er ist doch ein Grobian, Herr Wirt!

D e r W i r t. In meinem Leben hat mir das noch niemand gesagt. – Noch eins, Herr Just; aller guten Dinge sind drei!

J u s t. Meinetwegen! *(Er trinkt.)* Gut Ding, wahrlich gut Ding! – Aber auch die Wahrheit ist gut Ding. – Herr Wirt, Er ist doch ein Grobian!

D e r W i r t. Wenn ich es wäre, würde ich das wohl so mit anhören?

J u s t. O ja, denn selten hat ein Grobian Galle.

D e r W i r t. Nicht noch eins, Herr Just? Eine vierfache Schnur hält desto besser.

J u s t. Nein, zu viel ist zu viel! Und was hilft's Ihn, Herr Wirt? Bis auf den letzten Tropfen in der Flasche würde ich bei meiner Rede bleiben. Pfui, Herr Wirt, so guten Danziger zu haben und so schlechte Mores! – Einem Manne wie meinem Herrn, der Jahr und Tag bei Ihm gewohnt, von dem Er schon so manchen schönen Taler gezogen, der in seinem Leben keinen Heller schuldig geblieben ist; weil er ein paar Monate her nicht prompt bezahlt, weil er nicht mehr so viel aufgehen läßt – in der Abwesenheit das Zimmer auszuräumen!

D e r W i r t. Da ich aber das Zimmer notwendig brauchte? da ich voraussahe, daß der Herr Major es selbst gutwillig würde geräumt haben, wenn wir nur lange auf seine Zurückkunft hätten warten können? Sollte ich denn so eine fremde Herrschaft wieder von meiner Türe wegfahren lassen? Sollte ich einem andern Wirte so einen Verdienst mutwillig in den Rachen jagen? Und ich glaube nicht einmal, daß sie sonstwo unterkommen wäre. Die Wirtshäuser sind jetzt alle stark besetzt. Sollte eine so junge, schöne, liebenswürdige Dame auf der Straße bleiben? Dazu ist Sein Herr viel zu galant! Und was verliert er denn dabei? Habe ich ihm nicht ein anderes Zimmer dafür eingeräumt?

J u s t. Hinten an dem Taubenschlage; die Aussicht zwischen des Nachbars Feuermauern – –

D e r W i r t. Die Aussicht war wohl sehr schön, ehe sie der verzweifelte Nachbar verbaute. Das Zimmer ist doch sonst galant und tapeziert –   5

J u s t. Gewesen!

D e r W i r t. Nicht doch, die eine Wand ist es noch. Und Sein Stübchen darneben, Herr Just; was fehlt dem Stübchen? Es hat einen Kamin, der zwar im Winter ein wenig raucht – –   10

J u s t. Aber doch im Sommer recht hübsch läßt. – Herr, ich glaube gar, Er vexiert uns noch obendrein? –

D e r W i r t. Nu, nu, Herr Just, Herr Just –

J u s t. Mache Er Herr Justen den Kopf nicht warm, oder –   15

D e r W i r t. Ich macht' ihn warm? der Danziger tut's! –

J u s t. Einen Offizier wie meinen Herrn! Oder meint Er, daß ein abgedankter Offizier nicht auch ein Offizier ist, der Ihm den Hals brechen kann? Warum waret ihr im Kriege so geschmeidig, ihr Herren Wirte? Warum   20 war denn da jeder Offizier ein würdiger Mann und jeder Soldat ein ehrlicher, braver Kerl? Macht euch das bißchen Friede schon so übermütig?

D e r W i r t. Was ereifert Er sich nun, Herr Just? –

J u s t. Ich will mich ereifern. – –   25

DRITTER AUFTRITT

v. Tellheim. Der Wirt. Just.

v. T e l l h e i m *(im Hereintreten).* Just!

J u s t *(in der Meinung, daß ihn der Wirt nenne).* Just? – So bekannt sind wir? –   30

v. T e l l h e i m. Just!

J u s t. Ich dächte, ich wäre wohl Herr Just für Ihn!

D e r W i r t *(der den Major gewahr wird).* St! st! Herr, Herr, Herr Just – seh Er sich doch um; Sein Herr – –

v. T e l l h e i m. Just, ich glaube, du zankst? Was habe   35 ich dir befohlen?

D e r W i r t. Oh, Ihro Gnaden! zanken? da sei Gott

vor! Ihr untertänigster Knecht sollte sich unterstehen,
mit einem, der die Gnade hat, Ihnen anzugehören, zu
zanken?

J u s t. Wenn ich ihm doch eins auf den Katzenbuckel
geben dürfte! – –

D e r W i r t. Es ist wahr, Herr Just spricht für seinen
Herrn, und ein wenig hitzig. Aber daran tut er recht;
ich schätze ihn um so viel höher; ich liebe ihn darum. –

J u s t. Daß ich ihm nicht die Zähne austreten soll!

D e r W i r t. Nur schade, daß er sich umsonst erhitzt.
Denn ich bin gewiß versichert, daß Ihro Gnaden keine
Ungnade deswegen auf mich geworfen haben, weil –
die Not – mich notwendig –

v. T e l l h e i m. Schon zuviel, mein Herr! Ich bin Ihnen
schuldig; Sie räumen mir in meiner Abwesenheit das
Zimmer aus; Sie müssen bezahlt werden; ich muß wo
anders unterzukommen suchen. Sehr natürlich! –

D e r W i r t. Wo anders? Sie wollen ausziehen, gnädiger
Herr? Ich unglücklicher Mann! ich geschlagner Mann!
Nein, nimmermehr! Eher muß die Dame das Quartier
wieder räumen. Der Herr Major kann ihr, will ihr
sein Zimmer nicht lassen; das Zimmer ist sein; sie muß
fort; ich kann ihr nicht helfen. – Ich gehe, gnädiger
Herr – –

v. T e l l h e i m. Freund, nicht zwei dumme Streiche für
einen! Die Dame muß in dem Besitze des Zimmers
bleiben. – –

D e r W i r t. Und Ihro Gnaden sollten glauben, daß ich
aus Mißtrauen, aus Sorge für meine Bezahlung? – –
Als wenn ich nicht wüßte, daß mich Ihro Gnaden bezahlen können, sobald Sie nur wollen. – – Das ver-
siegelte Beutelchen – fünfhundert Taler Louisdor stehet
drauf – welches Ihro Gnaden in dem Schreibepulte
stehen gehabt – – ist in guter Verwahrung.

v. T e l l h e i m. Das will ich hoffen; so wie meine übrige
Sachen. – Just soll sie in Empfang nehmen, wenn er
Ihnen die Rechnung bezahlt hat. – –

D e r W i r t. Wahrhaftig, ich erschrak recht, als ich das
Beutelchen fand. – Ich habe immer Ihro Gnaden für
einen ordentlichen und vorsichtigen Mann gehalten,

der sich niemals ganz ausgibt. – – Aber dennoch – –
wenn ich bar Geld in dem Schreibepulte vermutet
hätte – –

v. T e l l h e i m. Würden Sie höflicher mit mir verfahren
sein. Ich verstehe Sie. – Gehen Sie nur, mein Herr; 5
lassen Sie mich; ich habe mit meinem Bedienten zu
sprechen. – –

D e r W i r t. Aber, gnädiger Herr – –

v. T e l l h e i m. Komm, Just, der Herr will nicht erlauben, daß ich dir in seinem Hause sage, was du tun 10
sollst. – –

D e r W i r t. Ich gehe ja schon, gnädiger Herr! – Mein
ganzes Haus ist zu Ihren Diensten.

VIERTER AUFTRITT

v. Tellheim. Just.   15

J u s t *(der mit dem Fuße stampft und dem Wirte nach-*
spuckt). Pfui!

v. T e l l h e i m. Was gibt's?

J u s t. Ich ersticke vor Bosheit.

v. T e l l h e i m. Das wäre soviel als an Vollblütigkeit. 20

J u s t. Und Sie – Sie erkenne ich nicht mehr, mein Herr.
Ich sterbe vor Ihren Augen, wenn Sie nicht der Schutz-
engel dieses hämischen, unbarmherzigen Rackers sind!
Trotz Galgen und Schwert und Rad hätte ich ihn –
hätte ich ihn mit diesen Händen erdrosseln, mit diesen 25
Zähnen zerreißen wollen. –

v. T e l l h e i m. Bestie!

J u s t. Lieber Bestie als so ein Mensch!

v. T e l l h e i m. Was willst du aber?

J u s t. Ich will, daß Sie es empfinden sollen, wie sehr 30
man Sie beleidiget.

v. T e l l h e i m. Und dann?

J u s t. Daß Sie sich rächten. – Nein, der Kerl ist Ihnen
zu gering. –

v. T e l l h e i m. Sondern, daß ich es dir auftrüge, mich 35
zu rächen? Das war von Anfang mein Gedanke. Er
hätte mich nicht wieder mit Augen sehen und seine

Bezahlung aus deinen Händen empfangen sollen. Ich
weiß, daß du eine Handvoll Geld mit einer ziemlich
verächtlichen Miene einem hinwerfen kannst. –
J u s t. So? eine vortreffliche Rache! –
5   v. T e l l h e i m. Aber die wir noch verschieben müssen.
Ich habe keinen Heller bares Geld mehr; ich weiß
auch keines aufzutreiben.
J u s t. Kein bares Geld? Und was ist denn das für ein
Beutel mit fünfhundert Taler Louisdor, den der Wirt
10   in Ihrem Schreibpulte gefunden?
v. T e l l h e i m. Das ist Geld, welches mir aufzuheben
gegeben worden.
J u s t. Doch nicht die hundert Pistolen, die Ihnen Ihr
alter Wachtmeister vor vier oder fünf Wochen brachte?
15   v. T e l l h e i m. Die nämlichen, von Paul Wernern. Warum nicht?
J u s t. Diese haben Sie noch nicht gebraucht? Mein Herr,
mit diesen können Sie machen, was Sie wollen. Auf
meine Verantwortung –
20   v. T e l l h e i m. Wahrhaftig?
J u s t. Werner hörte von mir, wie sehr man Sie mit Ihren
Forderungen an die Generalkriegskasse aufzieht.
Er hörte –
v. T e l l h e i m. Daß ich sicherlich zum Bettler werden
25   würde, wenn ich es nicht schon wäre. – Ich bin dir
sehr verbunden, Just. – Und diese Nachricht vermochte
Wernern, sein bißchen Armut mit mir zu teilen. – Es
ist mir doch lieb, daß ich es erraten habe. – Höre, Just,
mache mir zugleich auch deine Rechnung; wir sind ge-
30   schiedene Leute. – –
J u s t. Wie? was?
v. T e l l h e i m. Kein Wort mehr; es kömmt jemand. –

FÜNFTER AUFTRITT

Eine Dame in Trauer. v. Tellheim. Just.

35   D i e   D a m e. Ich bitte um Verzeihung, mein Herr! –
v. T e l l h e i m. Wen suchen Sie, Madame? –
D i e   D a m e. Eben den würdigen Mann, mit welchem

ich die Ehre habe zu sprechen. Sie kennen mich nicht
mehr? Ich bin die Witwe Ihres ehemaligen Stabsritt-
meisters –

v. T e l l h e i m. Um des Himmels willen, gnädige Frau!
welche Veränderung! –   5

D i e   D a m e. Ich stehe von dem Krankenbette auf, auf
das mich der Schmerz über den Verlust meines Mannes
warf. Ich muß Ihnen früh beschwerlich fallen, Herr
Major. Ich reise auf das Land, wo mir eine gutherzige,
aber eben auch nicht glückliche Freundin eine Zuflucht 10
vors erste angeboten. –

v. T e l l h e i m *(zu Just)*. Geh, laß uns allein. –

SECHSTER AUFTRITT

Die Dame. v. Tellheim.

v. T e l l h e i m. Reden Sie frei, gnädige Frau! Vor mir 15
dürfen Sie sich Ihres Unglücks nicht schämen. Kann
ich Ihnen worin dienen?

D i e   D a m e. Mein Herr Major –

v. T e l l h e i m. Ich beklage Sie, gnädige Frau! Worin
kann ich Ihnen dienen? Sie wissen, Ihr Gemahl war 20
mein Freund; mein Freund, sage ich; ich war immer
karg mit diesem Titel.

D i e   D a m e. Wer weiß es besser als ich, wie wert Sie
seiner Freundschaft waren, wie wert er der Ihrigen
war? Sie würden sein letzter Gedanke, Ihr Name der 25
letzte Ton seiner sterbenden Lippen gewesen sein,
hätte nicht die stärkere Natur dieses traurige Vorrecht
für seinen unglücklichen Sohn, für seine unglückliche
Gattin gefordert –

v. T e l l h e i m. Hören Sie auf, Madame! Weinen wollte 30
ich mit Ihnen gern; aber ich habe heute keine Tränen.
Verschonen Sie mich! Sie finden mich in einer Stunde,
wo ich leicht zu verleiten wäre, wider die Vorsicht zu
murren. – O mein rechtschaffner Marloff! Geschwind,
gnädige Frau, was haben Sie zu befehlen? Wenn ich 35
Ihnen zu dienen imstande bin, wenn ich es bin –

D i e   D a m e. Ich darf nicht abreisen, ohne seinen letz-

ten Willen zu vollziehen. Er erinnerte sich kurz vor
seinem Ende, daß er als Ihr Schuldner sterbe, und be-
schwor mich, diese Schuld mit der ersten Barschaft zu
tilgen. Ich habe seine Equipage verkauft und komme,
5   seine Handschrift einzulösen. –
v. T e l l h e i m. Wie, gnädige Frau? darum kommen Sie?
D i e D a m e. Darum. Erlauben Sie, daß ich das Geld
aufzähle.
v. T e l l h e i m. Nicht doch, Madame! Marloff mir schul-
10   dig? das kann schwerlich sein. Lassen Sie doch sehen.
(Er ziehet sein Taschenbuch heraus und sucht.) Ich finde
nichts.
D i e D a m e. Sie werden seine Handschrift verlegt
haben, und die Handschrift tut nichts zur Sache. – Er-
15   lauben Sie –
v. T e l l h e i m. Nein, Madame! so etwas pflege ich nicht
zu verlegen. Wenn ich sie nicht habe, so ist es ein Beweis, daß ich nie eine gehabt habe, oder daß sie ge-
tilgt und von mir schon zurückgegeben worden.
20 D i e D a m e. Herr Major! –
v. T e l l h e i m. Ganz gewiß, gnädige Frau. Nein, Marloff ist mir nichts schuldig geblieben. Ich wüßte mich
auch nicht zu erinnern, daß er mir jemals etwas schuldig gewesen wäre. Nicht anders, Madame; er hat mich
25   vielmehr als seinen Schuldner hinterlassen. Ich habe
nie etwas tun können, mich mit einem Manne abzu-
finden, der sechs Jahre Glück und Unglück, Ehre und
Gefahr mit mir geteilet. Ich werde es nicht vergessen,
daß ein Sohn von ihm da ist. Er wird mein Sohn sein,
30   sobald ich sein Vater sein kann. Die Verwirrung, in
der ich mich jetzt selbst befinde –
D i e D a m e. Edelmütiger Mann! Aber denken Sie auch
von mir nicht zu klein! Nehmen Sie das Geld, Herr
Major; so bin ich wenigstens beruhiget. –
35 v. T e l l h e i m. Was brauchen Sie zu Ihrer Beruhigung
weiter als meine Versicherung, daß mir dieses Geld
nicht gehöret? Oder wollen Sie, daß ich die unerzogene
Waise meines Freundes bestehlen soll? Bestehlen, Madame; das würde es in dem eigentlichsten Verstande
40   sein. Ihm gehört es, für ihn legen Sie es an! –

D i e   D a m e. Ich verstehe Sie; verzeihen Sie nur, wenn
ich noch nicht recht weiß, wie man Wohltaten annehmen muß. Woher wissen es denn aber auch Sie, daß
eine Mutter mehr für ihren Sohn tut, als sie für ihr
eigen Leben tun würde? Ich gehe –   5
v. T e l l h e i m. Gehen Sie, Madame, gehen Sie! Reisen
Sie glücklich! Ich bitte Sie nicht, mir Nachricht von
Ihnen zu geben. Sie möchte mir zu einer Zeit kommen,
wo ich sie nicht nutzen könnte. Aber noch eines, gnädige Frau; bald hätte ich das Wichtigste vergessen.   10
Marloff hat noch an der Kasse unsers ehemaligen Regi-
ments zu fodern. Seine Foderungen sind so richtig
wie die meinigen. Werden meine bezahlt, so müssen auch
die seinigen bezahlt werden. Ich hafte dafür. –
D i e   D a m e. Oh! Mein Herr – Aber ich schweige lie-   15
ber. – Künftige Wohltaten so vorbereiten, heißt sie in
den Augen des Himmels schon erwiesen haben. Empfangen Sie seine Belohnung und meine Tränen! *(Geht
ab.)*

SIEBENTER AUFTRITT   20

v. Tellheim.

Armes, braves Weib! Ich muß nicht vergessen, den
Bettel zu vernichten. *(Er nimmt aus seinem Taschen-
buche Briefschaften, die er zerreißt.)* Wer steht mir
dafür, daß eigner Mangel mich nicht einmal verleiten   25
könnte, Gebrauch davon zu machen?

ACHTER AUFTRITT

Just. v. Tellheim.

v. T e l l h e i m. Bist du da?
J u s t *(indem er sich die Augen wischt).* Ja!
v. T e l l h e i m. Du hast geweint?
J u s t. Ich habe in der Küche meine Rechnung geschrieben, und die Küche ist voll Rauch. Hier ist sie, mein
Herr!
v. T e l l h e i m. Gib her.

J u s t. Haben Sie Barmherzigkeit mit mir, mein Herr.
Ich weiß wohl, daß die Menschen mit Ihnen keine
haben, aber –

v. T e l l h e i m. Was willst du?

5 J u s t. Ich hätte mir ehr den Tod als meinen Abschied
vermutet.

v. T e l l h e i m. Ich kann dich nicht länger brauchen; ich
muß mich ohne Bedienten behelfen lernen. *(Schlägt die
Rechnung auf und lieset.)* „Was der Herr Major mir
10 schuldig: Drei und einen halben Monat Lohn, den
Monat 6 Taler, macht 21 Taler. Seit dem Ersten dieses an Kleinigkeiten ausgelegt 1 Taler 7 Gr. 9 Pf.
Summa Summarum 22 Taler 7 Gr. 9 Pf.“ – Gut, und
es ist billig, daß ich diesen laufenden Monat ganz be-
15 zahle.

J u s t. Die andere Seite, Herr Major –

v. T e l l h e i m. Noch mehr? *(Lieset.)* „Was dem Herrn
Major ich schuldig: An den Feldscher für mich bezahlt
25 Taler. Für Wartung und Pflege während meiner
20 Kur für mich bezahlt 39 Taler. Meinem abgebrannten
und geplünderten Vater auf meine Bitte vorgeschossen,
ohne die zwei Beutepferde zu rechnen, die er ihm ge-
schenkt, 50 Taler. Summa Summarum 114 Taler. Davon abgezogen vorstehende 22 Taler 7 Gr. 9 Pf.,
25 bleibe dem Herrn Major schuldig 91 Taler 16 Gr.
3 Pf.“ – Kerl, du bist toll! –

J u s t. Ich glaube es gern, daß ich Ihnen weit mehr koste.
Aber es wäre verlorne Tinte, es dazuzuschreiben. Ich
kann Ihnen das nicht bezahlen, und wenn Sie mir
30 vollends die Liverei nehmen, die ich auch noch nicht
verdient habe – so wollte ich lieber, Sie hätten mich in
dem Lazarette krepieren lassen.

v. T e l l h e i m. Wofür siehst du mich an? Du bist mir
nichts schuldig, und ich will dich einem von meinen
35 Bekannten empfehlen, bei dem du es besser haben
sollst als bei mir.

J u s t. Ich bin Ihnen nichts schuldig, und doch wollen
Sie mich verstoßen?

v. T e l l h e i m. Weil ich dir nichts schuldig werden will.

40 J u s t. Darum? nur darum? – So gewiß ich Ihnen schul-

dig bin, so gewiß Sie mir nichts schuldig werden kön-
nen, so gewiß sollen Sie mich nun nicht verstoßen. –
Machen Sie, was Sie wollen, Herr Major; ich bleibe bei
Ihnen; ich muß bei Ihnen bleiben. –

v. T e l l h e i m. Und deine Hartnäckigkeit, dein Trotz, 5
dein wildes, ungestümes Wesen gegen alle, von denen
du meinest, daß sie dir nichts zu sagen haben, deine
tückische Schadenfreude, deine Rachsucht – –

J u s t. Machen Sie mich so schlimm, wie Sie wollen; ich
will darum doch nicht schlechter von mir denken als 10
von meinem Hunde. Vorigen Winter ging ich in der
Dämmerung an dem Kanale und hörte etwas winseln.
Ich stieg herab und griff nach der Stimme und glaubte,
ein Kind zu retten, und zog einen Pudel aus dem Wasser. Auch gut, dachte ich. Der Pudel kam mir nach, 15
aber ich bin kein Liebhaber von Pudeln. Ich jagte ihn
fort, umsonst; ich prügelte ihn von mir, umsonst. Ich
ließ ihn des Nachts nicht in meine Kammer; er blieb
vor der Türe auf der Schwelle. Wo er mir zu nahe kam,
stieß ich ihn mit dem Fuße; er schrie, sahe mich an und 20
wedelte mit dem Schwanze. Noch hat er keinen Bissen
Brot aus meiner Hand bekommen, und doch bin ich der
einzige, dem er hört, und der ihn anrühren darf. Er
springt vor mir her und macht mir seine Künste un-
befohlen vor. Es ist ein häßlicher Pudel, aber ein gar 25
zu guter Hund. Wenn er es länger treibt, so höre ich
endlich auf, den Pudeln gram zu sein.

v. T e l l h e i m *(beiseite).* So wie ich ihm! Nein, es gibt
keine völligen Unmenschen! – – Just, wir bleiben beisammen.   30

J u s t. Ganz gewiß! – Sie wollten sich ohne Bedienten
behelfen? Sie vergessen Ihrer Blessuren und daß Sie
nur eines Armes mächtig sind. Sie können sich ja nicht
allein ankleiden. Ich bin Ihnen unentbehrlich; und bin
– – ohne mich selbst zu rühmen, Herr Major – und bin 35
ein Bedienter, der – wenn das Schlimmste zum Schlim-
men kömmt – für seinen Herrn betteln und stehlen
kann.

v. T e l l h e i m. Just, wir bleiben nicht beisammen.

J u s t. Schon gut!   40

NEUNTER AUFTRITT

Ein Bedienter. v. Tellheim. Just.

Der Bediente. Bst! Kamerad!

Just. Was gibt's?

5 Der Bediente. Kann Er mir nicht den Offizier nachweisen, der gestern noch in diesem Zimmer *(auf eines an der Seite zeigend, von welcher er herkömmt)* gewohnt hat?

Just. Das dürfte ich leicht können. Was bringt Er ihm?

10 Der Bediente. Was wir immer bringen, wenn wir nichts bringen: ein Kompliment. Meine Herrschaft hört, daß er durch sie verdrängt worden. Meine Herrschaft weiß zu leben, und ich soll ihn deshalb um Verzeihung bitten.

15 Just. Nun, so bitte Er ihn um Verzeihung; da steht er.

Der Bediente. Was ist er? Wie nennt man ihn?

v. Tellheim. Mein Freund, ich habe Euern Auftrag schon gehört. Es ist eine überflüssige Höflichkeit von Eurer Herrschaft, die ich erkenne, wie ich soll. Macht

20 ihr meinen Empfehl. – Wie heißt Eure Herrschaft? –

Der Bediente. Wie sie heißt? Sie läßt sich gnädiges Fräulein heißen.

v. Tellheim. Und ihr Familienname?

Der Bediente. Den habe ich noch nicht gehört, und

25 darnach zu fragen, ist meine Sache nicht. Ich richte mich so ein, daß ich meistenteils alle sechs Wochen eine neue Herrschaft habe. Der Henker behalte alle ihre Namen! –

Just. Bravo, Kamerad!

30 Der Bediente. Zu dieser bin ich erst vor wenig Tagen in Dresden gekommen. Sie sucht, glaube ich, hier ihren Bräutigam. –

v. Tellheim. Genug, mein Freund. Den Namen Eurer Herrschaft wollte ich wissen, aber nicht ihre Geheim-

35 nisse. Geht nur!

Der Bediente. Kamerad, das wäre kein Herr für mich!

ZEHNTER AUFTRITT

v. Tellheim. Just.

v. T e l l h e i m. Mache, Just, mache, daß wir aus diesem
Hause kommen! Die Höflichkeit der fremden Dame
ist mir empfindlicher als die Grobheit des Wirts. Hier, 5
nimm diesen Ring, die einzige Kostbarkeit, die mir
übrig ist, von der ich nie geglaubt hätte, einen solchen
Gebrauch zu machen! – Versetze ihn! Laß dir achtzig
Friedrichsdor darauf geben; die Rechnung des Wirts
kann keine dreißig betragen. Bezahle ihn und räume 10
meine Sachen – Ja, wohin? – Wohin du willst. Der
wohlfeilste Gasthof der beste. Du sollst mich hier
nebenan auf dem Kaffeehause treffen. Ich gehe, mache
deine Sache gut. –

J u s t. Sorgen Sie nicht, Herr Major! 15

v. T e l l h e i m *(kömmt wieder zurück)*. Vor allen Dingen, daß meine Pistolen, die hinter dem Bette gehan-
gen, nicht vergessen werden.

J u s t. Ich will nichts vergessen.

v. T e l l h e i m *(kömmt nochmals zurück)*. Noch eins: 20
nimm mir auch deinen Pudel mit; hörst du, Just! –

EILFTER AUFTRITT

Just.

Der Pudel wird nicht zurückbleiben. Dafür laß ich den
Pudel sorgen. – Hm! Auch den kostbaren Ring hat der 25
Herr noch gehabt? Und trug ihn in der Tasche, anstatt
am Finger? – Guter Wirt, wir sind so kahl noch nicht,
als wir scheinen. Bei ihm, bei ihm selbst will ich dich
versetzen, schönes Ringelchen! Ich weiß, er ärgert sich,
daß du in seinem Hause nicht ganz sollst verzehrt 30
werden! – Ah –

ZWÖLFTER AUFTRITT

Paul Werner. Just.

J u s t. Sieh da, Werner! guten Tag, Werner! willkommen in der Stadt!

5 W e r n e r. Das verwünschte Dorf! Ich kann's unmöglich wieder gewohne werden. Lustig, Kinder, lustig; ich bringe frisches Geld! Wo ist der Major?

J u s t. Er muß dir begegnet sein; er ging eben die Treppe herab.

10 W e r n e r. Ich komme die Hintertreppe herauf. Nun, wie geht's ihm? Ich wäre schon vorige Woche bei euch gewesen, aber –

J u s t. Nun? was hat dich abgehalten? –

W e r n e r. – Just – hast du von dem Prinzen Heraklius

15 gehört?

J u s t. Heraklius? Ich wüßte nicht.

W e r n e r. Kennst du den großen Helden im Morgenlande nicht?

J u s t. Die Weisen aus dem Morgenlande kenn ich wohl,

20 die ums Neujahr mit dem Sterne herumlaufen. – –

W e r n e r. Mensch, ich glaube, du liesest ebensowenig die Zeitungen als die Bibel? – Du kennst den Prinzen Heraklius nicht? den braven Mann nicht, der Persien weggenommen und nächster Tage die Ottomanische

25 Pforte einsprengen wird? Gott sei Dank, daß doch noch irgendwo in der Welt Krieg ist! Ich habe lange genug gehofft, es sollte hier wieder losgehen. Aber da sitzen sie und heilen sich die Haut. Nein, Soldat war ich, Soldat muß ich wieder sein! Kurz – *(indem er sich*

30 *schüchtern umsieht, ob ihn jemand behorcht)* im Vertrauen, Just, ich wandere nach Persien, um unter Sr. Königlichen Hoheit, dem Prinzen Heraklius, ein paar Feldzüge wider die Türken zu machen.

J u s t. Du?

35 W e r n e r. Ich, wie du mich hier siehst! Unsere Vorfahren zogen fleißig wider die Türken, und das sollten wir noch tun, wenn wir ehrliche Kerls und gute Christen wären. Freilich begreife ich wohl, daß ein Feldzug wider die Türken nicht halb so lustig sein kann, als

einer wider den Franzosen; aber dafür muß er auch
desto verdienstlicher sein, in diesem und in jenem Leben. Die Türken haben dir alle Säbels, mit Diamanten
besetzt –

J u s t. Um mir von so einem Säbel den Kopf spalten zu   5
lassen, reise ich nicht eine Meile. Du wirst doch nicht
toll sein und dein schönes Schulzengerichte verlassen? –

W e r n e r. Oh, das nehme ich mit! – Merkst du was? –
Das Gütchen ist verkauft –

J u s t. Verkauft?   10

W e r n e r. St! – hier sind hundert Dukaten, die ich
gestern auf den Kauf bekommen; die bring ich dem
Major –

J u s t. Und was soll der damit?

W e r n e r. Was er damit soll? Verzehren soll er sie, ver-   15
spielen, vertrinken, ver-, wie er will. Der Mann muß
Geld haben, und es ist schlecht genug, daß man ihm
das Seinige so sauer macht! Aber ich wüßte schon, was
ich täte, wenn ich an seiner Stelle wäre! Ich dächte:
hol euch hier alle der Henker, und ginge mit Paul   20
Wernern, nach Persien! – Blitz! – Der Prinz Heraklius muß ja wohl von dem Major Tellheim gehört
haben, wenn er auch schon seinen gewesenen Wachtmeister, Paul Wernern, nicht kennt. Unsere Affäre bei
den Katzenhäusern –   25

J u s t. Soll ich dir die erzählen? –

W e r n e r. Du mir? – Ich merke wohl, daß eine schöne
Disposition über deinen Verstand geht. Ich will meine
Perlen nicht vor die Säue werfen. – Da nimm die
hundert Dukaten; gib sie dem Major. Sage ihm, er   30
soll mir auch die aufheben. Ich muß jetzt auf den
Markt; ich habe zwei Winspel Roggen hereingeschickt;
was ich daraus löse, kann er gleichfalls haben. –

J u s t. Werner, du meinest es herzlich gut; aber wir
mögen dein Geld nicht. Behalte deine Dukaten, und   35
deine hundert Pistolen kannst du auch unversehrt wie-
derbekommen, sobald als du willst. –

W e r n e r. So? Hat denn der Major noch Geld?

J u s t. Nein.

W e r n e r. Hat er sich wo welches geborgt?   40

J u s t. Nein.

W e r n e r. Und wovon lebt ihr denn?

J u s t. Wir lassen anschreiben, und wenn man nicht mehr
anschreiben will und uns zum Hause hinauswirft, so
5   versetzen wir, was wir noch haben, und ziehen weiter.
– Höre nur, Paul; dem Wirte hier müssen wir einen
Possen spielen.

W e r n e r. Hat er dem Major was in den Weg gelegt? –
Ich bin dabei! –

10 J u s t. Wie wär's, wenn wir ihm des Abends, wenn er aus
der Tabagie kömmt, aufpaßten und ihn brav durch-
prügelten? –

W e r n e r. Des Abends? – aufpaßten? – ihre zwei,
einem? – Das ist nichts. –

15 J u s t. Oder wenn wir ihm das Haus über dem Kopf
ansteckten? –

W e r n e r. Sengen und brennen? – Kerl, man hört's, daß
du Packknecht gewesen bist und nicht Soldat – pfui!

J u s t. Oder wenn wir ihm seine Tochter zur Hure mach-
20 ten? Sie ist zwar verdammt häßlich –

W e r n e r. Oh, da wird sie's lange schon sein! Und allen-
falls brauchst du auch hierzu keinen Gehilfen. Aber
was hast du denn? Was gibt's denn?

J u s t. Komm nur, du sollst dein Wunder hören!

25 W e r n e r. So ist der Teufel wohl hier gar los?

J u s t. Jawohl; komm nur!

W e r n e r. Desto besser! Nach Persien also, nach Persien!

ZWEITER AUFZUG

ERSTER AUFTRITT

Die Szene ist in dem Zimmer des Fräuleins.

Minna von Barnhelm. Franziska.

Das Fräulein *(im Negligé, nach ihrer Uhr sehend).*
Franziska, wir sind auch sehr früh aufgestanden. Die
Zeit wird uns lang werden.

F r a n z i s k a. Wer kann denn in den verzweifelten
großen Städten schlafen? Die Karossen, die Nacht-
wächter, die Trommeln, die Katzen, die Korporals –
das hört nicht auf zu rasseln, zu schreien, zu wirbeln,
zu mauen, zu fluchen; gerade, als ob die Nacht zu
nichts weniger wäre als zur Ruhe. – Eine Tasse Tee,
gnädiges Fräulein? –

Das Fräulein. Der Tee schmeckt mir nicht. –

F r a n z i s k a. Ich will von unserer Schokolade machen
lassen.

Das Fräulein. Laß machen, für dich!

F r a n z i s k a. Für mich? Ich wollte ebensogern für mich
allein plaudern als für mich allein trinken. – Freilich
wird uns die Zeit so lang werden. – Wir werden vor
langer Weile uns putzen müssen und das Kleid versuchen, in welchem wir den ersten Sturm geben
wollen.

Das Fräulein. Was redest du von Stürmen, da ich
bloß herkomme, die Haltung der Kapitulation zu
fordern?

F r a n z i s k a. Und der Herr Offizier, den wir vertrie-
ben, und dem wir das Kompliment darüber machen
lassen; er muß auch nicht die feinste Lebensart haben;
sonst hätte er wohl um die Ehre können bitten lassen,
uns seine Aufwartung machen zu dürfen. –

D a s   F r ä u l e i n. Es sind nicht alle Offiziere Tellheims.
Die Wahrheit zu sagen, ich ließ ihm das Kompliment
auch bloß machen, um Gelegenheit zu haben, mich nach
diesem bei ihm zu erkundigen. – Franziska, mein Herz
sagt es mir, daß meine Reise glücklich sein wird, daß
ich ihn finden werde. –

F r a n z i s k a. Das Herz, gnädiges Fräulein? Man traue
doch ja seinem Herzen nicht zu viel. Das Herz redet
uns gewaltig gern nach dem Maule. Wenn das Maul
ebenso geneigt wäre, nach dem Herzen zu reden, so
wäre die Mode längst aufgekommen, die Mäuler unterm Schlosse zu tragen.

D a s   F r ä u l e i n. Ha! ha! Mit deinen Mäulern unterm
Schlosse! Die Mode wäre mir eben recht!

F r a n z i s k a. Lieber die schönsten Zähne nicht gezeigt,
als alle Augenblicke das Herz darüber springen lassen!

D a s   F r ä u l e i n. Was? Bist du so zurückhaltend? –

F r a n z i s k a. Nein, gnädiges Fräulein, sondern ich
wollte es gern mehr sein. Man spricht selten von der
Tugend, die man hat; aber desto öfterer von der, die
uns fehlt.

D a s   F r ä u l e i n. Siehst du, Franziska? Da hast du
eine sehr gute Anmerkung gemacht. –

F r a n z i s k a. Gemacht? Macht man das, was einem so
einfällt? –

D a s   F r ä u l e i n. Und weißt du, warum ich eigentlich
diese Anmerkung so gut finde? Sie hat viel Beziehung
auf meinen Tellheim.

F r a n z i s k a. Was hätte bei Ihnen nicht auch Beziehung auf ihn?

D a s   F r ä u l e i n. Freund und Feind sagen, daß er der
tapferste Mann von der Welt ist. Aber wer hat ihn
von Tapferkeit jemals reden hören? Er hat das recht-
schaffenste Herz, aber Rechtschaffenheit und Edelmut
sind Worte, die er nie auf die Zunge bringt.

F r a n z i s k a. Von was für Tugenden spricht er denn?

D a s   F r ä u l e i n. Er spricht von keiner; denn ihm
fehlt keine.

F r a n z i s k a. Das wollte ich nur hören.

D a s   F r ä u l e i n. Warte, Franziska, ich besinne mich.

Er spricht sehr oft von Ökonomie. Im Vertrauen,
Franziska, ich glaube, der Mann ist ein Verschwender.

F r a n z i s k a. Noch eins, gnädiges Fräulein. Ich habe
ihn auch sehr oft der Treue und Beständigkeit gegen
Sie erwähnen hören. Wie, wenn der Herr auch ein   5
Flattergeist wäre?

D a s   F r ä u l e i n. Du Unglückliche! – Aber meinest du
das im Ernste, Franziska?

F r a n z i s k a. Wie lange hat er Ihnen nun schon nicht
geschrieben?   10

D a s   F r ä u l e i n. Ach! seit dem Frieden hat er mir nur
ein einziges Mal geschrieben.

F r a n z i s k a. Auch ein Seufzer wider den Frieden!
Wunderbar! Der Friede sollte nur das Böse wieder
gutmachen, das der Krieg gestiftet, und er zerrüttet   15
auch das Gute, was dieser, sein Gegenpart, etwa noch
veranlasset hat. Der Friede sollte so eigensinnig nicht
sein! – Und wie lange haben wir schon Friede? Die
Zeit wird einem gewaltig lang, wenn es so wenig
Neuigkeiten gibt. – Umsonst gehen die Posten wieder   20
richtig; niemand schreibt; denn niemand hat was zu
schreiben.

D a s   F r ä u l e i n. „Es ist Friede“, schrieb er mir, „und
ich nähere mich der Erfüllung meiner Wünsche.“ Aber
daß er mir dieses nur einmal, nur ein einziges Mal ge-   25
schrieben –

F r a n z i s k a. Daß er uns zwingt, dieser Erfüllung der
Wünsche selbst entgegenzueilen: finden wir ihn nur,
das soll er uns entgelten! – Wenn indes der Mann doch
Wünsche erfüllt hätte, und wir erführen hier –   30

D a s   F r ä u l e i n (*ängstlich und hitzig*). Daß er tot
wäre?

F r a n z i s k a. Für Sie, gnädiges Fräulein, in den Armen
einer andern. –

D a s   F r ä u l e i n. Du Quälgeist! Warte, Franziska, er   35
soll dir es gedenken! – Doch schwatze nur; sonst schla-
fen wir wieder ein. – Sein Regiment ward nach dem
Frieden zerrissen. Wer weiß, in welche Verwirrung von
Rechnungen und Nachweisungen er dadurch geraten?
Wer weiß, zu welchem andern Regimente, in welche   40

entlegne Provinz er versetzt worden? Wer weiß, welche
Umstände – Es pocht jemand.
F r a n z i s k a. Herein!

ZWEITER AUFTRITT

Der Wirt. Die Vorigen.

D e r   W i r t *(den Kopf voransteckend).* Ist es erlaubt,
meine gnädige Herrschaft? –
F r a n z i s k a. Unser Herr Wirt? – Nur vollends herein.
D e r   W i r t *(mit einer Feder hinter dem Ohre, ein Blatt
Papier und ein Schreibezeug in der Hand).* Ich komme,
gnädiges Fräulein, Ihnen einen untertänigen guten
Morgen zu wünschen – *(zur Franziska)* und auch Ihr,
mein schönes Kind –
F r a n z i s k a. Ein höflicher Mann!
D a s   F r ä u l e i n. Wir bedanken uns.
F r a n z i s k a. Und wünschen Ihm auch einen guten
Morgen.
D e r   W i r t. Darf ich mich unterstehen zu fragen, wie
Ihro Gnaden diese erste Nacht unter meinem schlechten
Dache geruhet? –
F r a n z i s k a. Das Dach ist so schlecht nicht, Herr Wirt,
aber die Betten hätten besser sein können.
D e r   W i r t. Was höre ich? Nicht wohl geruht? Viel-
leicht, daß die gar zu große Ermüdung von der Reise –
D a s   F r ä u l e i n. Es kann sein.
D e r   W i r t. Gewiß, gewiß! denn sonst – Indes sollte
etwas nicht vollkommen nach Ihro Gnaden Bequem-
lichkeit gewesen sein, so geruhen Ihro Gnaden nur zu
befehlen.
F r a n z i s k a. Gut, Herr Wirt, gut! Wir sind auch nicht
blöde; und am wenigsten muß man im Gasthofe blöde
sein. Wir wollen schon sagen, wie wir es gern hätten.
D e r   W i r t. Hiernächst komme ich zugleich – *(indem
er die Feder hinter dem Ohr hervorzieht).*
F r a n z i s k a. Nun? –
D e r   W i r t. Ohne Zweifel kennen Ihro Gnaden schon
die weisen Verordnungen unserer Polizei.

D a s   F r ä u l e i n. Nicht im geringsten, Herr Wirt –
D e r   W i r t. Wir Wirte sind angewiesen, keinen Frem-
den, wes Standes und Geschlechts er auch sei, vierund-
zwanzig Stunden zu behausen, ohne seinen Namen,
Heimat, Charakter, hiesige Geschäfte, vermutliche 5
Dauer des Aufenthalts und so weiter gehörigen Orts
schriftlich einzureichen.
D a s   F r ä u l e i n. Sehr wohl.
D e r   W i r t. Ihro Gnaden werden also sich gefallen las-
sen – *(indem er an einen Tisch tritt und sich fertig* 10
macht zu schreiben).
D a s   F r ä u l e i n. Sehr gern – Ich heiße –
D e r   W i r t. Einen kleinen Augenblick Geduld! – *(Er*
schreibt.) „Dato, den 22. August a. c. allhier zum Kö-
nige von Spanien angelangt“ – Nun Dero Namen, 15
gnädiges Fräulein?
D a s   F r ä u l e i n. Das Fräulein von Barnhelm.
D e r   W i r t *(schreibt).* „von Barnhelm“ – Kommend?
woher, gnädiges Fräulein?
D a s   F r ä u l e i n. Von meinen Gütern aus Sachsen. 20
D e r   W i r t *(schreibt).* „Gütern aus Sachsen“ – Aus
Sachsen! Ei, ei, aus Sachsen, gnädiges Fräulein? aus
Sachsen?
F r a n z i s k a. Nun? warum nicht? Es ist doch wohl
hierzulande keine Sünde, aus Sachsen zu sein? 25
D e r   W i r t. Eine Sünde? Behüte! das wäre ja eine ganz
neue Sünde! – Aus Sachsen also? Ei, ei! aus Sachsen!
Das liebe Sachsen! – Aber wo mir recht ist, gnädiges
Fräulein, Sachsen ist nicht klein und hat mehrere – wie
soll ich es nennen? – Distrikte, Provinzen. – Unsere 30
Polizei ist sehr exakt, gnädiges Fräulein. –
D a s   F r ä u l e i n. Ich verstehe: von meinen Gütern
aus Thüringen also.
D e r   W i r t. Aus Thüringen! Ja, das ist besser, gnädiges
Fräulein, das ist genauer. – *(Schreibt und liest.)* „Das 35
Fräulein von Barnhelm, kommend von ihren Gütern
aus Thüringen, nebst einer Kammerfrau und zwei
Bedienten“ –
F r a n z i s k a. Einer Kammerfrau? das soll ich wohl
sein? 40

D e r W i r t. Ja, mein schönes Kind. –

F r a n z i s k a. Nun, Herr Wirt, so setzen Sie anstatt Kammerfrau Kammerjungfer. – Ich höre, die Polizei ist sehr exakt; es möchte ein Mißverständnis geben, welches mir bei meinem Aufgebote einmal Händel machen könnte. Denn ich bin wirklich noch Jungfer und heiße Franziska; mit dem Geschlechtsnamen Willig; Franziska Willig. Ich bin auch aus Thüringen. Mein Vater war Müller auf einem von den Gütern des gnädigen Fräuleins. Es heißt Klein-Rammsdorf. Die Mühle hat jetzt mein Bruder. Ich kam sehr jung auf den Hof und ward mit dem gnädigen Fräulein erzogen. Wir sind von *einem* Alter, künftige Lichtmeß einundzwanzig Jahr. Ich habe alles gelernt, was das gnädige Fräulein gelernt hat. Es soll mir lieb sein, wenn mich die Polizei recht kennt.

D e r W i r t. Gut, mein schönes Kind, das will ich mir auf weitere Nachfrage merken. – Aber nunmehr, gnädiges Fräulein, Dero Verrichtungen allhier? –

D a s F r ä u l e i n. Meine Verrichtungen?

D e r W i r t. Suchen Ihro Gnaden etwas bei des Königs Majestät?

D a s F r ä u l e i n. O nein!

D e r W i r t. Oder bei unsern hohen Justizkollegiis?

D a s F r ä u l e i n. Auch nicht.

D e r W i r t. Oder –

D a s F r ä u l e i n. Nein, nein. Ich bin lediglich in meinen eigenen Angelegenheiten hier.

D e r W i r t. Ganz wohl, gnädiges Fräulein, aber wie nennen sich diese eigne Angelegenheiten?

D a s F r ä u l e i n. Sie nennen sich – Franziska, ich glaube, wir werden vernommen.

F r a n z i s k a. Herr Wirt, die Polizei wird doch nicht die Geheimnisse eines Frauenzimmers zu wissen verlangen?

D e r W i r t. Allerdings, mein schönes Kind: die Polizei will alles, alles wissen; und besonders Geheimnisse.

F r a n z i s k a. Ja nun, gnädiges Fräulein; was ist zu tun? – So hören Sie nur, Herr Wirt – aber daß es ja unter uns und der Polizei bleibt! –

Das Fräulein. Was wird ihm die Närrin sagen?
Franziska. Wir kommen, dem Könige einen Offizier
wegzukapern –
Der Wirt. Wie? was? Mein Kind! mein Kind! –
Franziska. Oder uns von dem Offiziere kapern zu 5
lassen. Beides ist eins.
Das Fräulein. Franziska, bist du toll? – Herr Wirt,
die Nasenweise hat Sie zum besten. –
Der Wirt. Ich will nicht hoffen! Zwar mit meiner
Wenigkeit kann sie scherzen so viel, wie sie will; nur 10
mit einer hohen Polizei –
Das Fräulein. Wissen Sie was, Herr Wirt? – Ich
weiß mich in dieser Sache nicht zu nehmen. Ich dächte,
Sie ließen die ganze Schreiberei bis auf die Ankunft
meines Oheims. Ich habe Ihnen schon gestern gesagt, 15
warum er nicht mit mir zugleich angekommen. Er ver-
unglückte zwei Meilen von hier mit seinem Wagen und
wollte durchaus nicht, daß mich dieser Zufall eine
Nacht mehr kosten sollte. Ich mußte also voran. Wenn
er vierundzwanzig Stunden nach mir eintrifft, so ist es 20
das längste.
Der Wirt. Nun ja, gnädiges Fräulein, so wollen wir
ihn erwarten.
Das Fräulein. Er wird auf Ihre Fragen besser antworten können. Er wird wissen, wem und wie weit er 25
sich zu entdecken hat; was er von seinen Geschäften
anzeigen muß und was er davon verschweigen darf.
Der Wirt. Desto besser! Freilich, freilich kann man
von einem jungen Mädchen (die Franziska mit einer
bedeutenden Miene ansehend) nicht verlangen, daß es 30
eine ernsthafte Sache mit ernsthaften Leuten ernsthaft
traktiere –
Das Fräulein. Und die Zimmer für ihn sind doch
in Bereitschaft, Herr Wirt?
Der Wirt. Völlig, gnädiges Fräulein, völlig; bis auf 35
das eine –
Franziska. Aus dem Sie vielleicht auch noch erst
einen ehrlichen Mann vertreiben müssen?
Der Wirt. Die Kammerjungfern aus Sachsen, gnädiges
Fräulein, sind wohl sehr mitleidig. – 40

Das Fräulein. Doch, Herr Wirt, das haben Sie
nicht gut gemacht. Lieber hätten Sie uns nicht ein-
nehmen sollen.

Der Wirt. Wieso, gnädiges Fräulein, wieso?

5 Das Fräulein. Ich höre, daß der Offizier, welcher
durch uns verdrängt worden –

Der Wirt. Ja nur ein abgedankter Offizier ist, gnädiges Fräulein. –

Das Fräulein. Wenn schon! –

10 Der Wirt. Mit dem es zu Ende geht. –

Das Fräulein. Desto schlimmer! Es soll ein sehr
verdienter Mann sein.

Der Wirt. Ich sage Ihnen ja, daß er abgedankt ist.

Das Fräulein. Der König kann nicht alle verdiente
15 Männer kennen.

Der Wirt. O gewiß, er kennt sie, er kennt sie alle. –

Das Fräulein. So kann er sie nicht alle belohnen.

Der Wirt. Sie wären alle belohnt, wenn sie darnach
20 gelebt hätten. Aber so lebten die Herren während des
Krieges, als ob ewig Krieg bleiben würde; als ob das
Dein und Mein ewig aufgehoben sein würde. Jetzt
liegen alle Wirtshäuser und Gasthöfe von ihnen voll,
und ein Wirt hat sich wohl mit ihnen in acht zu neh-
25 men. Ich bin mit diesem noch so ziemlich weggekom-
men. Hatte er gleich kein Geld mehr, so hatte er doch
noch Geldeswert, und zwei, drei Monate hätte ich ihn
freilich noch ruhig können sitzen lassen. Doch besser
ist besser. – Apropos, gnädiges Fräulein; Sie ver-
30 stehen sich doch auf Juwelen? –

Das Fräulein. Nicht sonderlich.

Der Wirt. Was sollten Ihro Gnaden nicht? – Ich muß
Ihnen einen Ring zeigen, einen kostbaren Ring. Zwar
gnädiges Fräulein haben da auch einen sehr schönen
35 am Finger, und je mehr ich ihn betrachte, je mehr muß
ich mich wundern, daß er dem meinigen so ähnlich ist.
– Oh! sehen Sie doch, sehen Sie doch! *(Indem er ihn
aus dem Futteral herausnimmt und dem Fräulein zu-
reicht.)* Welch ein Feuer! der mittelste Brillant allein
40 wiegt über fünf Karat.

Das Fräulein *(ihn betrachtend)*. Wo bin ich? Was
seh ich? Dieser Ring –

Der Wirt. Ist seine funfzehnhundert Taler unter
Brüdern wert.

Das Fräulein. Franziska! – Sieh doch! –   5

Der Wirt. Ich habe mich auch nicht einen Augenblick
bedacht, achtzig Pistolen darauf zu leihen.

Das Fräulein. Erkennst du ihn nicht, Franziska?

Franziska. Der nämliche! – Herr Wirt, wo haben
Sie diesen Ring her? –   10

Der Wirt. Nun, mein Kind? Sie hat doch wohl kein
Recht daran?

Franziska. Wir kein Recht an diesem Ringe? – In-
wärts auf dem Kasten muß des Fräuleins verzogener
Name stehn. – Weisen Sie doch, Fräulein.   15

Das Fräulein. Er ist's, er ist's! – Wie kommen Sie
zu diesem Ringe, Herr Wirt?

Der Wirt. Ich? auf die ehrlichste Weise von der Welt.
– Gnädiges Fräulein, gnädiges Fräulein, Sie werden
mich nicht in Schaden und Unglück bringen wollen?   20
Was weiß ich, wo sich der Ring eigentlich herschreibt?
Während des Krieges hat manches seinen Herrn sehr
oft, mit und ohne Vorbewußt des Herrn, verändert.
Und Krieg war Krieg. Es werden mehr Ringe aus
Sachsen über die Grenze gegangen sein. – Geben Sie   25
mir ihn wieder, gnädiges Fräulein, geben Sie mir ihn
wieder!

Franziska. Erst geantwortet: von wem haben Sie ihn?

Der Wirt. Von einem Manne, dem ich so was nicht
zutrauen kann, von einem sonst guten Manne –   30

Das Fräulein. Von dem besten Manne unter der
Sonne, wenn Sie ihn von seinem Eigentümer haben. –
Geschwind, bringen Sie mir den Mann! Er ist es selbst,
oder wenigstens muß er ihn kennen.

Der Wirt. Wer denn? wen denn, gnädiges Fräulein?   35

Franziska. Hören Sie denn nicht? unsern Major.

Der Wirt. Major? Recht, er ist Major, der dieses Zimmer vor Ihnen bewohnt hat, und von dem ich ihn habe.

Das Fräulein. Major von Tellheim.

Der Wirt. Von Tellheim, ja! Kennen Sie ihn?   40

Das Fräulein. Ob ich ihn kenne? Er ist hier? Tell-
heim ist hier? Er? er hat in diesem Zimmer gewohnt?
Er, er hat Ihnen diesen Ring versetzt? Wie kommt der
Mann in diese Verlegenheit? Wo ist er? Er ist Ihnen
5 schuldig? – – Franziska, die Schatulle her! Schließ auf!
(Indem sie Franziska auf den Tisch setzet und öffnet.)
Was ist er Ihnen schuldig? Wem ist er mehr schuldig?
Bringen Sie mir alle seine Schuldner. Hier ist Geld.
Hier sind Wechsel. Alles ist sein!
10 Der Wirt. Was höre ich?
Das Fräulein. Wo ist er? wo ist er?
Der Wirt. Noch vor einer Stunde war er hier.
Das Fräulein. Häßlicher Mann, wie konnten Sie
gegen ihn so unfreundlich, so hart, so grausam sein?
15 Der Wirt. Ihro Gnaden verzeihen –
Das Fräulein. Geschwind, schaffen Sie mir ihn zur
Stelle.
Der Wirt. Sein Bedienter ist vielleicht noch hier. Wol-
len Ihro Gnaden, daß er ihn aufsuchen soll?
20 Das Fräulein. Ob ich will? Eilen Sie, laufen Sie; für
diesen Dienst allein will ich es vergessen, wie schlecht
Sie mit ihm umgegangen sind. –
Franziska. Fix, Herr Wirt, hurtig, fort, fort! *(Stößt
ihn heraus.)*

25 DRITTER AUFTRITT

Das Fräulein. Franziska.

Das Fräulein. Nun habe ich ihn wieder, Franziska!
Siehst du, nun habe ich ihn wieder! Ich weiß nicht, wo
ich vor Freuden bin! Freue dich doch mit, liebe Fran-
30 ziska. Aber freilich, warum du? Doch du sollst dich,
du mußt dich mit mir freuen. Komm, Liebe, ich will
dich beschenken, damit du dich mit mir freuen kannst.
Sprich, Franziska, was soll ich dir geben? Was steht dir
von meinen Sachen an? Was hättest du gern? Nimm,
35 was du willst, aber freue dich nur. Ich sehe wohl, du
wirst dir nichts nehmen. Warte! *(sie faßt in die Schatulle)* da, liebe Franziska *(und gibt ihr Geld)*, kaufe
dir, was du gern hättest. Fordere mehr, wenn es nicht

zulangt. Aber freue dich nur mit mir. Es ist so traurig,
sich allein zu freuen. Nun, so nimm doch –
F r a n z i s k a. Ich stehle es Ihnen, Fräulein; Sie sind
trunken, von Fröhlichkeit trunken. –
D a s   F r ä u l e i n. Mädchen, ich habe einen zänkischen   5
Rausch, nimm oder – *(Sie zwingt ihr das Geld in die
Hand.)* Und wenn du dich bedankest! – Warte; gut,
daß ich daran denke. *(Sie greift nochmals in die Schatulle nach Geld.)* Das, liebe Franziska, stecke beiseite,
für den ersten blessierten armen Soldaten, der uns an-   10
spricht. –

VIERTER AUFTRITT

Der Wirt. Das Fräulein. Franziska.

D a s   F r ä u l e i n. Nun? Wird er kommen?
D e r   W i r t. Der widerwärtige, ungeschliffene Kerl!   15
D a s   F r ä u l e i n. Wer?
D e r   W i r t. Sein Bedienter. Er weigert sich, nach ihm
zu gehen.
F r a n z i s k a. Bringen Sie doch den Schurken her. –
Des Majors Bediente kenne ich ja wohl alle. Welcher   20
wäre denn das?
D a s   F r ä u l e i n. Bringen Sie ihn geschwind her. Wenn
er uns sieht, wird er schon gehen.
(Der Wirt geht ab.)

FÜNFTER AUFTRITT   25

Das Fräulein. Franziska.

D a s   F r ä u l e i n. Ich kann den Augenblick nicht erwarten. Aber, Franziska, du bist noch immer so kalt?
Du willst dich noch nicht mit mir freuen?
F r a n z i s k a. Ich wollte von Herzen gern, wenn nur –   30
D a s   F r ä u l e i n. Wenn nur?
F r a n z i s k a. Wir haben den Mann wiedergefunden;
aber wie haben wir ihn wiedergefunden? Nach allem,
was wir von ihm hören, muß es ihm übel gehn. Er
muß unglücklich sein. Das jammert mich.   35

Das Fräulein. Jammert dich? – Laß dich dafür umarmen, meine liebste Gespielin! Das will ich dir nie
vergessen! – Ich bin nur verliebt, und du bist gut. –

SECHSTER AUFTRITT

Der Wirt. Just. Die Vorigen.

Der Wirt. Mit genauer Not bring ich ihn.
Franziska. Ein fremdes Gesicht! Ich kenne ihn nicht.
Das Fräulein. Mein Freund, ist Er bei dem Major
von Tellheim?
Just. Ja.
Das Fräulein. Wo ist Sein Herr?
Just. Nicht hier.
Das Fräulein. Aber Er weiß ihn zu finden?
Just. Ja.
Das Fräulein. Will Er ihn nicht geschwind herholen?
Just. Nein.
Das Fräulein. Er erweiset mir damit einen Gefallen.–
Just. Ei!
Das Fräulein. Und Seinem Herrn einen Dienst.
Just. Vielleicht auch nicht. –
Das Fräulein. Woher vermutet Er das?
Just. Sie sind doch die fremde Herrschaft, die ihn
schon diesen Morgen komplimentieren lassen?
Das Fräulein. Ja.
Just. So bin ich schon recht.
Das Fräulein. Weiß Sein Herr meinen Namen?
Just. Nein; aber er kann die allzu höflichen Damen
ebensowenig leiden als die allzu groben Wirte.
Der Wirt. Das soll wohl mit auf mich gehn?
Just. Ja.
Der Wirt. So laß Er es doch dem gnädigen Fräulein
nicht entgelten, und hole Er ihn geschwind her.
Das Fräulein (*leise zur Franziska*). Franziska, gib
ihm etwas –
Franziska (*die dem Just Geld in die Hand drücken
will*). Wir verlangen Seine Dienste nicht umsonst. –
Just. Und ich Ihr Geld nicht ohne Dienste.

F r a n z i s k a. Eines für das andere.
J u s t. Ich kann nicht. Mein Herr hat mir befohlen, auszuräumen. Das tu ich jetzt, und daran bitte ich, mich
nicht weiter zu verhindern. Wenn ich fertig bin, so will
ich es ihm ja wohl sagen, daß er herkommen kann. Er   5
ist nebenan auf dem Kaffeehause; und wenn er da
nichts Bessers zu tun findet, wird er auch wohl kommen. *(Will fortgehen.)*
F r a n z i s k a. So warte Er doch. – Das gnädige Fräulein ist des Herrn Majors – Schwester. –   10
D a s   F r ä u l e i n. Ja, ja, seine Schwester.
J u s t. Das weiß ich besser, daß der Major keine Schwestern hat. Er hat mich in sechs Monaten zweimal an
seine Familie nach Kurland geschickt. – Zwar es gibt
mancherlei Schwestern –   15
F r a n z i s k a. Unverschämter!
J u s t. Muß man es nicht sein, wenn einen die Leute
sollen gehn lassen? *(Geht ab.)*
F r a n z i s k a. Das ist ein Schlingel!
D e r   W i r t. Ich sagt' es ja. Aber lassen Sie ihn nur!   20
Weiß ich doch nunmehr, wo sein Herr ist. Ich will ihn
gleich selbst holen. – Nur, gnädiges Fräulein, bitte ich
untertänigst, sodann ja mich bei dem Herrn Major zu
entschuldigen, daß ich so unglücklich gewesen, wider
meinen Willen einen Mann von seinen Verdiensten –   25
D a s   F r ä u l e i n. Gehen Sie nur geschwind, Herr Wirt.
Das will ich alles wieder gutmachen. *(Der Wirt geht ab
und hierauf)* Franziska, lauf ihm nach: er soll ihm
meinen Namen nicht nennen!
          (Franziska, dem Wirte nach.)   30

SIEBENTER AUFTRITT

Das Fräulein und hierauf Franziska.

D a s   F r ä u l e i n. Ich habe ihn wieder! – Bin ich allein? –
Ich will nicht umsonst allein sein. *(Sie faltet die
Hände.)* Auch bin ich nicht allein! *(Und blickt auf-*   35
wärts.) Ein einziger dankbarer Gedanke gen Himmel
ist das willkommenste Gebet! – Ich hab ihn, ich hab

ihn! *(Mit ausgebreiteten Armen.)* Ich bin glücklich!
und fröhlich! Was kann der Schöpfer lieber sehen als
ein fröhliches Geschöpf! – *(Franziska kömmt.)* Bist du
wieder da, Franziska? – Er jammert dich? Mich jammert er nicht. Unglück ist auch gut. Vielleicht, daß ihm
der Himmel alles nahm, um ihm in mir alles wiederzugeben!

F r a n z i s k a. Er kann den Augenblick hier sein. – Sie
sind noch in Ihrem Negligé, gnädiges Fräulein. Wie,
wenn Sie sich geschwind ankleideten?

D a s F r ä u l e i n. Geh! ich bitte dich. Er wird mich
von nun an öfter so als geputzt sehen.

F r a n z i s k a. Oh, Sie kennen sich, mein Fräulein.

D a s F r ä u l e i n *(nach einem kurzen Nachdenken)*.
Wahrhaftig, Mädchen, du hast es wiederum getroffen.

F r a n z i s k a. Wenn wir schön sind, sind wir ungeputzt
am schönsten.

D a s F r ä u l e i n. Müssen wir denn schön sein? – Aber
daß wir uns schön glauben, war vielleicht notwendig.
– Nein, wenn ich ihm, ihm nur schön bin! – Franziska,
wenn alle Mädchens so sind, wie ich mich jetzt fühle,
so sind wir – sonderbare Dinger. – Zärtlich und stolz,
tugendhaft und eitel, wollüstig und fromm – Du wirst
mich nicht verstehen. Ich verstehe mich wohl selbst
nicht. – Die Freude macht drehend, wirblicht. –

F r a n z i s k a. Fassen Sie sich, mein Fräulein; ich höre
kommen –

D a s F r ä u l e i n. Mich fassen? Ich sollte ihn ruhig
empfangen?

ACHTER AUFTRITT

v. Tellheim. Der Wirt. Die Vorigen.

v. T e l l h e i m *(tritt herein, und indem er sie erblickt,
flieht er auf sie zu).* Ah! meine Minna! –

D a s F r ä u l e i n *(ihm entgegenfliehend).* Ah! mein
Tellheim! –

v. T e l l h e i m *(stutzt auf einmal und tritt wieder zurück).* Verzeihen Sie, gnädiges Fräulein – das Fräulein
von Barnhelm hier zu finden –

D a s   F r ä u l e i n. Kann Ihnen doch so gar unerwartet
nicht sein? – *(Indem sie ihm näher tritt und er mehr
zurückweicht.)* Verzeihen? Ich soll Ihnen verzeihen,
daß ich noch Ihre Minna bin? Verzeih' Ihnen der
Himmel, daß ich noch das Fräulein von Barnhelm   5
bin! –
v.   T e l l h e i m. Gnädiges Fräulein – *(Sieht starr auf
den Wirt und zuckt die Schultern.)*
D a s   F r ä u l e i n *(wird den Wirt gewahr und winkt
der Franziska).* Mein Herr –   10
v.   T e l l h e i m. Wenn wir uns beiderseits nicht irren –
F r a n z i s k a. Je, Herr Wirt, wen bringen Sie uns denn
da? Geschwind, kommen Sie, lassen Sie uns den Rechten suchen.
D e r   W i r t. Ist es nicht der Rechte? Ei ja doch!   15
F r a n z i s k a. Ei nicht doch! Geschwind, kommen Sie;
ich habe Ihrer Jungfer Tochter noch keinen guten Morgen gesagt.
D e r   W i r t. Oh! viel Ehre – *(Doch ohne von der Stelle
zu gehn.)*   20
F r a n z i s k a *(faßt ihn an).* Kommen Sie, wir wollen
den Küchenzettel machen. – Lassen Sie sehen, was wir
haben werden –
D e r   W i r t. Sie sollen haben, vors erste –
F r a n z i s k a. Still, ja stille! Wenn das Fräulein jetzt   25
schon weiß, was sie zu Mittag speisen soll, so ist es um
ihren Appetit geschehen. Kommen Sie, das müssen Sie
mir allein sagen. *(Führet ihn mit Gewalt ab.)*

NEUNTER AUFTRITT

v. Tellheim. Das Fräulein.   30

D a s   F r ä u l e i n. Nun? irren wir uns noch?
v.   T e l l h e i m. Daß es der Himmel wollte! – Aber es
gibt nur *eine*, und Sie sind es. –
D a s   F r ä u l e i n. Welche Umstände! Was wir uns zu
sagen haben, kann jedermann hören.   35
v.   T e l l h e i m. Sie hier? Was suchen Sie hier, gnädiges
Fräulein?

D a s F r ä u l e i n. Nichts suche ich mehr. *(Mit offnen Armen auf ihn zugehend.)* Alles, was ich suchte, habe ich gefunden.

v. T e l l h e i m *(zurückweichend).* Sie suchten einen glücklichen, einen Ihrer Liebe würdigen Mann, und finden – einen Elenden.

D a s F r ä u l e i n. So lieben Sie mich nicht mehr? – Und lieben eine andere?

v. T e l l h e i m. Ah! der hat Sie nie geliebt, mein Fräulein, der eine andere nach Ihnen lieben kann.

D a s F r ä u l e i n. Sie reißen nur *einen* Stachel aus meiner Seele. – Wenn ich Ihr Herz verloren habe, was liegt daran, ob mich Gleichgültigkeit oder mächtigere Reize darum gebracht? – Sie lieben mich nicht mehr: und lieben auch keine andere? – Unglücklicher Mann, wenn Sie gar nichts lieben! –

v. T e l l h e i m. Recht, gnädiges Fräulein; der Unglückliche muß gar nichts lieben. Er verdient sein Unglück, wenn er diesen Sieg nicht über sich selbst zu erhalten weiß, wenn er es sich gefallen lassen kann, daß die, welche er liebt, an seinem Unglück Anteil nehmen dürfen. – Wie schwer ist dieser Sieg! – Seitdem mir Vernunft und Notwendigkeit befehlen, Minna von Barnhelm zu vergessen: was für Mühe habe ich angewandt! Eben wollte ich anfangen zu hoffen, daß diese Mühe nicht ewig vergebens sein würde: – und Sie erscheinen, mein Fräulein! –

D a s F r ä u l e i n. Versteh ich Sie recht? – Halten Sie, mein Herr; lassen Sie sehen, wo wir sind, ehe wir uns weiter verirren! – Wollen Sie mir die einzige Frage beantworten?

v. T e l l h e i m. Jede, mein Fräulein –

D a s F r ä u l e i n. Wollen Sie mir auch ohne Wendung, ohne Winkelzug antworten? Mit nichts als einem trokkenen Ja oder Nein?

v. T e l l h e i m. Ich will es – wenn ich kann.

D a s F r ä u l e i n. Sie können es. – Gut: ohngeachtet der Mühe, die Sie angewendet, mich zu vergessen – lieben Sie mich noch, Tellheim?

v. T e l l h e i m. Mein Fräulein, diese Frage –

Das Fräulein. Sie haben versprochen, mit nichts als
Ja oder Nein zu antworten.

v. Tellheim. Und hinzugesetzt: wenn ich kann.

Das Fräulein. Sie können; Sie müssen wissen, was
in Ihrem Herzen vorgeht. – Lieben Sie mich noch,   5
Tellheim? – Ja oder Nein?

v. Tellheim. Wenn mein Herz –

Das Fräulein. Ja oder Nein!

v. Tellheim. Nun, Ja!

Das Fräulein. Ja?   10

v. Tellheim. Ja, ja! – Allein –

Das Fräulein. Geduld! – Sie lieben mich noch:
genug für mich. – In was für einen Ton bin ich mit
Ihnen gefallen! Ein widriger, melancholischer, anstek-
kender Ton. – Ich nehme den meinigen wieder an. –   15
Nun, mein lieber Unglücklicher, Sie lieben mich noch
und haben Ihre Minna noch und sind unglücklich?
Hören Sie doch, was Ihre Minna für ein eingebildetes,
albernes Ding war – ist. Sie ließ, sie läßt sich träumen,
Ihr ganzes Glück sei sie. – Geschwind, kramen Sie Ihr 20
Unglück aus. Sie mag versuchen, wieviel sie dessen
aufwiegt. – Nun?

v. Tellheim. Mein Fräulein, ich bin nicht gewohnt
zu klagen.

Das Fräulein. Sehr wohl. Ich wüßte auch nicht, was   25
mir an einem Soldaten, nach dem Prahlen, weniger
gefiele als das Klagen. Aber es gibt eine gewisse kalte,
nachlässige Art, von seiner Tapferkeit und von seinem
Unglücke zu sprechen –

v. Tellheim. Die im Grunde doch auch geprahlt und   30
geklagt ist.

Das Fräulein. Oh, mein Rechthaber, so hätten Sie
sich auch gar nicht unglücklich nennen sollen. – Ganz
geschwiegen oder ganz mit der Sprache heraus. – Eine
Vernunft, eine Notwendigkeit, die Ihnen mich zu ver-   35
gessen befiehlt? – Ich bin eine große Liebhaberin von
Vernunft, ich habe sehr viel Ehrerbietung für die Notwendigkeit. – Aber lassen Sie doch hören, wie ver-
nünftig diese Vernunft, wie notwendig diese Notwendigkeit ist.   40

v. T e l l h e i m. Wohl denn; so hören Sie, mein Fräulein.
– Sie nennen mich Tellheim; der Name trifft ein. –
Aber Sie meinen, ich sei der Tellheim, den Sie in Ihrem
Vaterlande gekannt haben; der blühende Mann, voller
5 Ansprüche, voller Ruhmbegierde; der seines ganzen
Körpers, seiner ganzen Seele mächtig war, vor dem die
Schranken der Ehre und des Glückes eröffnet standen,
der Ihres Herzens und Ihrer Hand, wenn er schon
Ihrer noch nicht würdig war, täglich würdiger zu wer-
10 den hoffen durfte. – Dieser Tellheim bin ich ebensowenig, als ich mein Vater bin. Beide sind gewesen. –
Ich bin Tellheim, der Verabschiedete, der an seiner
Ehre Gekränkte, der Krüppel, der Bettler. – Jenem,
mein Fräulein, versprachen Sie sich: wollen Sie diesem
15 Wort halten? –
D a s   F r ä u l e i n. Das klingt sehr tragisch! – Doch,
mein Herr, bis ich jenen wiederfinde – in die Tellheims
bin ich nun einmal vernarrt –, dieser wird mir schon
aus der Not helfen müssen. – Deine Hand, lieber Bett-
20 ler! *(Indem sie ihn bei der Hand ergreift.)*
v. T e l l h e i m *(der die andere Hand mit dem Hute vor
das Gesicht schlägt und sich von ihr abwendet).* Das ist
zu viel! – Wo bin ich? – Lassen Sie mich, Fräulein!
Ihre Güte foltert mich! – Lassen Sie mich.
25 D a s   F r ä u l e i n. Was ist Ihnen? Wo wollen Sie hin?
v. T e l l h e i m. Von Ihnen!
D a s   F r ä u l e i n. Von mir? *(Indem sie seine Hand an
ihre Brust zieht.)* Träumer!
v. T e l l h e i m. Die Verzweiflung wird mich tot zu
30 Ihren Füßen werfen.
D a s   F r ä u l e i n. Von mir?
v. T e l l h e i m. Von Ihnen. – Sie nie, nie wiederzu-
sehen. – Oder doch so entschlossen, so fest entschlossen
– keine Niederträchtigkeit zu begehen – Sie keine Un-
35 besonnenheit begehen zu lassen. – Lassen Sie mich,
Minna! *(Reißt sich los und ab.)*
D a s   F r ä u l e i n *(ihm nach).* Minna Sie lassen? Tellheim! Tellheim!

DRITTER AUFZUG

ERSTER AUFTRITT

Die Szene: Der Saal.
Just, einen Brief in der Hand.

Muß ich doch noch einmal in das verdammte Haus 5
kommen! – Ein Briefchen von meinem Herrn an das
gnädige Fräulein, das seine Schwester sein will. – Wenn
sich nur da nichts anspinnt! – Sonst wird des Brief-
tragens kein Ende werden. – Ich wär es gern los, aber
ich möchte auch nicht gern ins Zimmer hinein. – Das 10
Frauenszeug fragt so viel, und ich antworte so ungern!
– Ha, die Türe geht auf. Wie gewünscht! das Kammer-
kätzchen!

ZWEITER AUFTRITT

Franziska. Just. 15

Franziska *(zur Türe herein, aus der sie kömmt).*
Sorgen Sie nicht; ich will schon aufpassen. – Sieh!
(indem sie Justen gewahr wird) da stieße mir ja gleich
was auf. Aber mit dem Vieh ist nichts anzufangen.
Just. Ihr Diener, Jungfer – 20
Franziska. Ich wollte so einen Diener nicht –
Just. Nu, nu, verzeih Sie mir die Redensart! – Da bring
ich ein Briefchen von meinem Herrn an Ihre Herrschaft, das gnädige Fräulein – Schwester. – War's nicht
so? Schwester. 25
Franziska. Geb Er her! *(Reißt ihm den Brief aus
der Hand.)*
Just. Sie soll so gut sein, läßt mein Herr bitten, und es
übergeben. Hernach soll Sie so gut sein, läßt mein Herr
bitten – daß Sie nicht etwa denkt, ich bitte was! – 30
Franziska. Nun denn?

J u s t. Mein Herr versteht den Rummel. Er weiß, daß der Weg zu den Fräuleins durch die Kammermädchen geht: – bild ich mir ein! – Die Jungfer soll also so gut sein – läßt mein Herr bitten – und ihm sagen lassen, ob er nicht das Vergnügen haben könnte, die Jungfer auf ein Viertelstündchen zu sprechen.

F r a n z i s k a. Mich?

J u s t. Verzeih Sie mir, wenn ich Ihr einen unrechten Titel gebe. – Ja, Sie! – Nur auf ein Viertelstündchen; aber allein, ganz allein, insgeheim, unter vier Augen. Er hätte Ihr was sehr Notwendiges zu sagen.

F r a n z i s k a. Gut! ich habe ihm auch viel zu sagen. – Er kann nur kommen, ich werde zu seinem Befehle sein.

J u s t. Aber, wenn kann er kommen? Wenn ist es Ihr am gelegensten, Jungfer? So in der Dämmerung? –

F r a n z i s k a. Wie meint Er das? – Sein Herr kann kommen, wenn er will – und damit packe Er sich nur!

J u s t. Herzlich gern! *(Will fortgehen.)*

F r a n z i s k a. Hör Er doch; noch ein Wort. – Wo sind denn die andern Bedienten des Majors?

J u s t. Die andern? Dahin, dorthin, überallhin.

F r a n z i s k a. Wo ist Wilhelm?

J u s t. Der Kammerdiener? den läßt der Major reisen.

F r a n z i s k a. So? Und Philipp, wo ist der?

J u s t. Der Jäger? den hat der Herr aufzuheben gegeben.

F r a n z i s k a. Weil er jetzt keine Jagd hat, ohne Zweifel. – Aber Martin?

J u s t. Der Kutscher? der ist weggeritten.

F r a n z i s k a. Und Fritz?

J u s t. Der Läufer? der ist avanciert.

F r a n z i s k a. Wo war Er denn, als der Major bei uns in Thüringen im Winterquartiere stand? Er war wohl noch nicht bei ihm?

J u s t. O ja, ich war Reitknecht bei ihm, aber ich lag im Lazarett.

F r a n z i s k a. Reitknecht? Und jetzt ist Er?

J u s t. Alles in allem; Kammerdiener und Jäger, Läufer und Reitknecht.

F r a n z i s k a. Das muß ich gestehen! So viele gute,

tüchtige Leute von sich zu lassen und gerade den
Allerschlechtesten zu behalten! Ich möchte doch wissen,
was Sein Herr an Ihm fände!

J u s t. Vielleicht findet er, daß ich ein ehrlicher Kerl bin.

F r a n z i s k a. Oh, man ist auch verzweifelt wenig, 5
wenn man weiter nichts ist als ehrlich. – Wilhelm war
ein andrer Mensch – Reisen läßt ihn der Herr?

J u s t. Ja, er läßt ihn – da er's nicht hindern kann.

F r a n z i s k a. Wie?

J u s t. Oh, Wilhelm wird sich alle Ehre auf seinen Rei- 10
sen machen. Er hat des Herrn ganze Garderobe mit.

F r a n z i s k a. Was? Er ist doch nicht damit durch-
gegangen?

J u s t. Das kann man nun eben nicht sagen; sondern als
wir von Nürnberg weggingen, ist er uns nur nicht 15
damit nachgekommen.

F r a n z i s k a. Oh, der Spitzbube!

J u s t. Es war ein ganzer Mensch! Er konnte frisieren
und rasieren und parlieren – und scharmieren – Nicht
wahr? 20

F r a n z i s k a. Sonach hätte ich den Jäger nicht von mir
getan, wenn ich wie der Major gewesen wäre. Konnte
er ihn schon nicht als Jäger nützen, so war es doch
sonst ein tüchtiger Bursche. – Wem hat er ihn denn
aufzuheben gegeben? 25

J u s t. Dem Kommandanten von Spandau.

F r a n z i s k a. Der Festung? Die Jagd auf den Wällen
kann doch da auch nicht groß sein.

J u s t. Oh, Philipp jagt auch da nicht.

F r a n z i s k a. Was tut er denn? 30

J u s t. Er karrt.

F r a n z i s k a. Er karrt?

J u s t. Aber nur auf drei Jahr. Er machte ein kleines
Komplott unter des Herrn Kompanie und wollte sechs
Mann durch die Vorposten bringen. – 35

F r a n z i s k a. Ich erstaune, der Bösewicht!

J u s t. Oh, es ist ein tüchtiger Kerl! Ein Jäger, der funfzig Meilen in der Runde durch Wälder und Moräste
alle Fußsteige, alle Schleifwege kennt. Und schießen
kann er! 40

F r a n z i s k a. Gut, daß der Major nur noch den braven
Kutscher hat!

J u s t. Hat er ihn noch?

F r a n z i s k a. Ich denke, Er sagte, Martin wäre weg-
5 geritten? So wird er doch wohl wiederkommen?

J u s t. Meint Sie?

F r a n z i s k a. Wo ist er denn hingeritten?

J u s t. Es geht nun in die zehnte Woche, da ritt er mit
des Herrn einzigem und letztem Reitpferde – nach der
10 Schwemme.

F r a n z i s k a. Und ist noch nicht wieder da? Oh, der
Galgenstrick!

J u s t. Die Schwemme kann den braven Kutscher auch
wohl verschwemmt haben! – Es war gar ein rechter
15 Kutscher! Er hatte in Wien zehn Jahre gefahren. So
einen kriegt der Herr gar nicht wieder. Wenn die
Pferde im vollen Rennen waren, so durfte er nur
machen: „Burr!“ und auf einmal standen sie wie die
Mauern. Dabei war er ein ausgelernter Roßarzt!

20 F r a n z i s k a. Nun ist mir für das Avancement des
Läufers bange.

J u s t. Nein, nein, damit hat's seine Richtigkeit. Er ist
Trommelschläger bei einem Garnisonregimente geworden.

25 F r a n z i s k a. Dacht ich's doch!

J u s t. Fritz hing sich an ein liederliches Mensch, kam
des Nachts niemals nach Hause, machte auf des Herrn
Namen überall Schulden und tausend infame Streiche.
Kurz, der Major sahe, daß er mit aller Gewalt höher
30 wollte: *(das Hängen pantomimisch anzeigend)* er
brachte ihn also auf guten Weg.

F r a n z i s k a. Oh, der Bube!

J u s t. Aber ein perfekter Läufer ist er, das ist gewiß.
Wenn ihm der Herr funfzig Schritte vorgab, so konnte
35 er ihn mit seinem besten Renner nicht einholen. Fritz
hingegen kann dem Galgen tausend Schritte vorgeben
und, ich wette mein Leben, er holt ihn ein. – Es waren
wohl alles Ihre guten Freunde, Jungfer? Der Wilhelm
und der Philipp, der Martin und der Fritz? – Nun,
40 Just empfiehlt sich! *(Geht ab.)*

DRITTER AUFTRITT

Franziska und hernach der Wirt.

F r a n z i s k a *(die ihm ernsthaft nachsieht).* Ich verdiene den Biß! – Ich bedanke mich, Just. Ich setzte die
Ehrlichkeit zu tief herab. Ich will die Lehre nicht ver- 5
gessen. – Ah! der unglückliche Mann! *(Kehrt sich um
und will nach dem Zimmer des Fräuleins gehen, indem
der Wirt kömmt.)*
D e r W i r t. Warte Sie doch, mein schönes Kind.
F r a n z i s k a. Ich habe jetzt nicht Zeit, Herr Wirt – 10
D e r W i r t. Nur ein kleines Augenblickchen! – Noch
keine Nachricht weiter von dem Herrn Major? Das
konnte doch unmöglich sein Abschied sein! –
F r a n z i s k a. Was denn?
D e r W i r t. Hat es Ihr das gnädige Fräulein nicht er- 15
zählt? – Als ich Sie, mein schönes Kind, unten in der
Küche verließ, so kam ich von ungefähr wieder hier
in den Saal –
F r a n z i s k a. Von ungefähr, in der Absicht, ein wenig
zu horchen. 20
D e r W i r t. Ei, mein Kind, wie kann Sie das von mir
denken? Einem Wirte läßt nichts übler als Neugierde.
– Ich war nicht lange hier, so prellte auf einmal die
Türe bei dem gnädigen Fräulein auf. Der Major stürzte
heraus, das Fräulein ihm nach, beide in einer Bewe- 25
gung, mit Blicken, in einer Stellung – so was läßt sich
nur sehen. Sie ergriff ihn, er riß sich los, sie ergriff ihn
wieder. „Tellheim!“ – „Fräulein, lassen Sie mich!“ –
„Wohin?“ – So zog er sie bis an die Treppe. Mir war
schon bange, er würde sie mit herabreißen. Aber er 30
wand sich noch los. Das Fräulein blieb an der obersten
Schwelle stehn, sah ihm nach, rief ihm nach, rang die
Hände. Auf einmal wandte sie sich um, lief nach dem
Fenster, von dem Fenster wieder zur Treppe, von der
Treppe in dem Saale hin und wider. Hier stand ich, 35
hier ging sie dreimal bei mir vorbei, ohne mich zu
sehen. Endlich war es, als ob sie mich sähe, aber, Gott
sei bei uns! ich glaube, das Fräulein sahe mich für Sie
an, mein Kind. „Franziska“, rief sie, die Augen auf

mich gerichtet, „bin ich nun glücklich?" Darauf sahe sie
steif an die Decke und wiederum: „Bin ich nun glücklich?" Darauf wischte sie sich Tränen aus dem Auge
und lächelte und fragte mich wiederum: „Franziska,
5 bin ich nun glücklich?" – Wahrhaftig, ich wußte nicht,
wie mir war. Bis sie nach ihrer Türe lief, da kehrte sie
sich nochmals nach mir um: „So komm doch, Franziska; wer jammert dich nun?" – Und damit hinein.
F r a n z i s k a. Oh, Herr Wirt, das hat Ihnen geträumt.
10 D e r W i r t. Geträumt? Nein, mein schönes Kind, so
umständlich träumt man nicht. – Ja, ich wollte wieviel
drum geben – ich bin nicht neugierig – aber ich wollte
wieviel drum geben, wenn ich den Schlüssel dazu hätte.
F r a n z i s k a. Den Schlüssel? zu unsrer Türe? Herr
15 Wirt, der steckt innerhalb; wir haben ihn zur Nacht
hereingezogen; wir sind furchtsam.
D e r W i r t. Nicht so einen Schlüssel; ich will sagen,
mein schönes Kind, den Schlüssel, die Auslegung gleichsam, so den eigentlichen Zusammenhang von dem, was
20 ich gesehen. –
F r a n z i s k a. Ja so! – Nun, adieu, Herr Wirt. Werden
wir bald essen, Herr Wirt?
D e r W i r t. Mein schönes Kind, nicht zu vergessen, was
ich eigentlich sagen wollte.
25 F r a n z i s k a. Nun? aber nur kurz –
D e r W i r t. Das gnädige Fräulein hat noch meinen
Ring; ich nenne ihn meinen –
F r a n z i s k a. Er soll Ihnen unverloren sein.
D e r W i r t. Ich trage darum auch keine Sorge; ich will's
30 nur erinnern. Sieht Sie, ich will ihn gar nicht einmal
wiederhaben. Ich kann mir doch wohl an den Fingern
abzählen, woher sie den Ring kannte, und woher er
dem ihrigen so ähnlich sah. Er ist in ihren Händen am
besten aufgehoben. Ich mag ihn gar nicht mehr und
35 will indes die hundert Pistolen, die ich darauf gegeben
habe, auf des gnädigen Fräuleins Rechnung setzen.
Nicht so recht, mein schönes Kind?

VIERTER AUFTRITT

Paul Werner. Der Wirt. Franziska.

W e r n e r. Da ist er ja!

F r a n z i s k a. Hundert Pistolen? Ich meinte, nur achtzig.

D e r W i r t. Es ist wahr, nur neunzig, nur neunzig. Das
will ich tun, mein schönes Kind, das will ich tun.

F r a n z i s k a. Alles das wird sich finden, Herr Wirt.

W e r n e r *(der ihnen hinterwärts näher kömmt und auf
einmal der Franziska auf die Schulter klopft).* Frauenzimmerchen! Frauenzimmerchen!

F r a n z i s k a *(erschrickt).* He!

W e r n e r. Erschrecke Sie nicht! – Frauenzimmerchen,
Frauenzimmerchen, ich sehe, Sie ist hübsch und ist wohl
gar fremd – Und hübsche fremde Leute müssen ge-
warnet werden – Frauenzimmerchen, Frauenzimmerchen, nehm Sie sich vor dem Manne in acht! *(Auf den
Wirt zeigend.)*

D e r W i r t. Je, unvermutete Freude! Herr Paul Werner! Willkommen bei uns, willkommen! – Ah, es ist
doch immer noch der lustige, spaßhafte, ehrliche Werner! – Sie soll sich vor mir in acht nehmen, mein schönes Kind! Ha, ha, ha!

W e r n e r. Geh Sie ihm überall aus dem Wege!

D e r W i r t. Mir! mir! – Bin ich denn so gefährlich? –
Ha, ha, ha! Hör' Sie doch, mein schönes Kind! Wie
gefällt Ihr der Spaß?

W e r n e r. Daß es doch immer Seinesgleichen für Spaß
erklären, wenn man ihnen die Wahrheit sagt.

D e r W i r t. Die Wahrheit! ha, ha, ha! – Nicht wahr,
mein schönes Kind, immer besser! Der Mann kann
spaßen! Ich gefährlich? – ich? – So vor zwanzig Jahren war was dran. Ja, ja, mein schönes Kind, da war
ich gefährlich; da wußte manche davon zu sagen; aber
jetzt –

W e r n e r. Oh, über den alten Narrn!

D e r W i r t. Da steckt's eben! Wenn wir alt werden,
ist es mit unsrer Gefährlichkeit aus. Es wird Ihm auch
nicht besser gehen, Herr Werner!

W e r n e r. Potz Geck und kein Ende! – Frauenzimmerchen, so viel Verstand wird Sie mir wohl zutrauen, daß
ich von *der* Gefährlichkeit nicht rede. Der eine Teufel
hat ihn verlassen, aber es sind dafür sieben andre in
5 ihn gefahren –
D e r W i r t. Oh, hör Sie doch, hör Sie doch! Wie er das
nun wieder so herumzubringen weiß! – Spaß über
Spaß und immer was Neues! Oh, es ist ein vortreff-
licher Mann, der Herr Paul Werner! – *(Zur Franzis-*
10 *ka, als ins Ohr.)* Ein wohlhabender Mann und noch
ledig. Er hat drei Meilen von hier ein schönes Frei-
schulzengerichte. Der hat Beute gemacht im Kriege! –
Und ist Wachtmeister bei unserm Herrn Major gewesen. Oh, das ist ein Freund von unserm Herrn
15 Major! das ist ein Freund! der sich für ihn totschlagen
ließe! –
W e r n e r. Ja! und das ist ein Freund von meinem Major! das ist ein Freund! – den der Major sollte totschlagen lassen.
20 D e r W i r t. Wie? was? – Nein, Herr Werner, das ist
nicht guter Spaß. – Ich kein Freund vom Herrn
Major? – Nein, den Spaß versteh ich nicht.
W e r n e r. Just hat mir schöne Dinge erzählt.
D e r W i r t. Just? Ich dacht's wohl, daß Just durch Sie
25 spräche. Just ist ein böser, garstiger Mensch. Aber hier
ist ein schönes Kind zur Stelle; das kann reden; das
mag sagen, ob ich kein Freund von dem Herrn Major
bin? Ob ich ihm keine Dienste erwiesen habe? Und
warum sollte ich nicht sein Freund sein? Ist er nicht
30 ein verdienter Mann? Es ist wahr, er hat das Unglück
gehabt, abgedankt zu werden: aber was tut das? Der
König kann nicht alle verdiente Männer kennen, und
wenn er sie auch alle kennte, so kann er sie nicht alle
belohnen.
35 W e r n e r. Das heißt Ihn Gott sprechen! – Aber Just –
freilich ist an Justen auch nicht viel Besonders, doch
ein Lügner ist Just nicht; und wenn das wahr wäre,
was er mir gesagt hat –
D e r W i r t. Ich will von Justen nichts hören! Wie ge-
40 sagt: das schöne Kind hier mag sprechen! *(Zu ihr ins*

Ohr.) Sie weiß, mein Kind, den Ring! – Erzähl' Sie es
doch Herrn Wernern. Da wird er mich besser kennen-
lernen. Und damit es nicht herauskömmt, als ob Sie
mir nur zu Gefallen rede, so will ich nicht einmal dabei
sein. Ich will nicht dabei sein; ich will gehn; aber Sie   5
sollen mir es wiedersagen, Herr Werner, Sie sollen mir
es wiedersagen, ob Just nicht ein garstiger Verleumder ist.

FÜNFTER AUFTRITT

Paul Werner. Franziska.   10

W e r n e r. Frauenzimmerchen, kennt Sie denn meinen
Major?
F r a n z i s k a. Den Major von Tellheim? Jawohl kenn
ich den braven Mann.
W e r n e r. Ist es nicht ein braver Mann? Ist Sie dem   15
Manne wohl gut? –
F r a n z i s k a. Vom Grund meines Herzens.
W e r n e r. Wahrhaftig? Sieht Sie, Frauenzimmerchen;
nun kömmt Sie mir noch einmal so schön vor. – Aber
was sind denn das für Dienste, die der Wirt unserm   20
Major will erwiesen haben?
F r a n z i s k a. Ich wüßte eben nicht; es wäre denn, daß
er sich das Gute zuschreiben wollte, welches glück-
licherweise aus seinem schurkischen Betragen ent-
standen.   25
W e r n e r. So wäre es ja wahr, was mir Just gesagt hat?
– *(Gegen die Seite, wo der Wirt abgegangen.)* Dein
Glück, daß du gegangen bist! – Er hat ihm wirklich
die Zimmer ausgeräumt? – So einem Manne so einen
Streich zu spielen, weil sich das Eselsgehirn einbildet,   30
daß der Mann kein Geld mehr habe! Der Major kein
Geld?
F r a n z i s k a. So? Hat der Major Geld?
W e r n e r. Wie Heu! Er weiß nicht, wieviel er hat. Er
weiß nicht, wer ihm alles schuldig ist. Ich bin ihm sel-   35
ber schuldig und bringe ihm hier ein altes Restchen.
Sieht Sie, Frauenzimmerchen, hier in diesem Beutelchen
(das er aus der einen Tasche zieht) sind hundert Louis-

dor und in diesem Röllchen *(das er aus der andern
zieht)* hundert Dukaten. Alles sein Geld!

F r a n z i s k a. Wahrhaftig? Aber warum versetzt denn
der Major? Er hat ja einen Ring versetzt –

5 W e r n e r. Versetzt! Glaub Sie doch so was nicht. Vielleicht, daß er den Bettel hat gern wollen los sein.

F r a n z i s k a. Es ist kein Bettel! Es ist ein sehr kost-
barer Ring, den er wohl noch dazu von lieben Händen
hat.

10 W e r n e r. Das wird's auch sein. Von lieben Händen;
ja, ja! So was erinnert einen manchmal, woran man
nicht gern erinnert sein will. Drum schafft man's aus
den Augen.

F r a n z i s k a. Wie?

15 W e r n e r. Dem Soldaten geht's in Winterquartieren
wunderlich. Da hat er nichts zu tun und pflegt sich und
macht vor langer Weile Bekanntschaften, die er nur auf
den Winter meinet und die das gute Herz, mit dem er
sie macht, für zeitlebens annimmt. Husch ist ihm denn

20 ein Ringelchen an den Finger praktiziert; er weiß
selbst nicht, wie es dran kömmt. Und nicht selten gäb'
er gern den Finger mit drum, wenn er es nur wieder
loswerden könnte.

F r a n z i s k a. Ei! und sollte es dem Major auch so ge-

25 gangen sein?

W e r n e r. Ganz gewiß. Besonders in Sachsen; wenn er
zehn Finger an jeder Hand gehabt hätte, er hätte sie
alle zwanzig voller Ringe gekriegt.

F r a n z i s k a *(beiseite)*. Das klingt ja ganz besonders

30 und verdient untersucht zu werden. – Herr Freischulze
oder Herr Wachtmeister –

W e r n e r. Frauenzimmerchen, wenn's Ihr nichts ver-
schlägt: – Herr Wachtmeister, höre ich am liebsten.

F r a n z i s k a. Nun, Herr Wachtmeister, hier habe ich

35 ein Briefchen von dem Herrn Major an meine Herrschaft. Ich will es nur geschwind hineintragen und bin
gleich wieder da. Will Er wohl so gut sein und so lange
hier warten? Ich möchte gar zu gern mehr mit Ihm
plaudern.

40 W e r n e r. Plaudert Sie gern, Frauenzimmerchen? Nun

meinetwegen: geh Sie nur; ich plaudre auch gern; ich will warten.

Franziska. Oh, warte Er doch ja! *(Geht ab.)*

SECHSTER AUFTRITT

Paul Werner. 5

Das ist kein unebenes Frauenzimmerchen! – Aber ich hätte ihr doch nicht versprechen sollen zu warten. – Denn das Wichtigste wäre wohl, ich suchte den Major auf. – Er will mein Geld nicht und versetzt lieber? – Daran kenn ich ihn. – Es fällt mir ein Schneller ein. – 10 Als ich vor vierzehn Tagen in der Stadt war, besuchte ich die Rittmeisterin Marloff. Das arme Weib lag krank und jammerte, daß ihr Mann dem Major vierhundert Taler schuldig geblieben wäre, die sie nicht wüßte, wie sie sie bezahlen sollte. Heute wollte ich sie 15 wieder besuchen – ich wollte ihr sagen, wenn ich das Geld für mein Gütchen ausgezahlt kriegte, daß ich ihr fünfhundert Taler leihen könnte. – Denn ich muß ja wohl was davon in Sicherheit bringen, wenn's in Persien nicht geht. – Aber sie war über alle Berge. Und 20 ganz gewiß wird sie dem Major nicht haben bezahlen können. – Ja, so will ich's machen; und das je eher, je lieber. – Das Frauenzimmerchen mag mir's nicht übelnehmen; ich kann nicht warten. *(Geht in Gedanken ab und stößt fast auf den Major, der ihm entgegen-* 25 *kömmt.)*

SIEBENTER AUFTRITT

v. Tellheim. Paul Werner.

v. Tellheim. So in Gedanken, Werner?

Werner. Da sind Sie ja! ich wollte eben gehen und Sie 30 in Ihrem neuen Quartiere besuchen, Herr Major.

v. Tellheim. Um mir auf den Wirt des alten die Ohren vollzufluchen. Gedenke mir nicht daran.

Werner. Das hätte ich beiher getan; ja. Aber eigentlich wollte ich mich nur bei Ihnen bedanken, daß Sie 35

so gut gewesen und mir die hundert Louisdor aufgehoben. Just hat mir sie wiedergegeben. Es wäre mir
wohl freilich lieb, wenn Sie mir sie noch länger aufheben könnten. Aber Sie sind in ein neu Quartier gezogen, das weder Sie noch ich kennen. Wer weiß, wie's
da ist. Sie könnten Ihnen da gestohlen werden, und Sie
müßten mir sie ersetzen; da hülfe nichts davor. Also
kann ich's Ihnen freilich nicht zumuten.

v. T e l l h e i m *(lächelnd).* Seit wenn bist du so vorsichtig, Werner?

W e r n e r. Es lernt sich wohl. Man kann heutzutage mit
seinem Gelde nicht vorsichtig genug sein. – Darnach
hatte ich noch was an Sie zu bestellen, Herr Major;
von der Rittmeisterin Marloff; ich kam eben von ihr
her. Ihr Mann ist Ihnen ja vierhundert Taler schuldig
geblieben; hier schickt sie Ihnen auf Abschlag hundert
Dukaten. Das übrige will sie künftige Woche schicken.
Ich mochte wohl selber Ursache sein, daß sie die
Summe nicht ganz schickt. Denn sie war mir auch ein
Taler achtzig schuldig; und weil sie dachte, ich wäre
gekommen, sie zu mahnen – wie's denn auch wohl
wahr war –, so gab sie mir sie und gab sie mir aus dem
Röllchen, das sie für Sie schon zurechtgelegt hatte. –
Sie können auch schon eher Ihre hundert Taler ein acht
Tage noch missen als ich meine paar Groschen. – Da
nehmen Sie doch! *(Reicht ihm die Rolle Dukaten.)*

v. T e l l h e i m. Werner!

W e r n e r. Nun? Warum sehen Sie mich so starr an? –
So nehmen Sie doch, Herr Major! –

v. T e l l h e i m. Werner!

W e r n e r. Was fehlt Ihnen? Was ärgert Sie?

v. T e l l h e i m *(bitter, indem er sich vor die Stirne
schlägt und mit dem Fuße auftritt).* Daß es – die vierhundert Taler nicht ganz sind!

W e r n e r. Nun, nun, Herr Major! Haben Sie mich denn
nicht verstanden?

v. T e l l h e i m. Eben weil ich dich verstanden habe! –
Daß mich doch die besten Menschen heut am meisten
quälen müssen!

W e r n e r. Was sagen Sie?

v. T e l l h e i m. Es geht dich nur zur Hälfte an! – Geh, Werner! *(Indem er die Hand, mit der ihm Werner die Dukaten reichet, zurückstößt.)*

W e r n e r. Sobald ich das los bin!

v. T e l l h e i m. Werner, wenn du nun von mir hörst, 5 daß die Marloffin heute ganz früh selbst bei mir gewesen ist?

W e r n e r. So?

v. T e l l h e i m. Daß sie mir nichts mehr schuldig ist?

W e r n e r. Wahrhaftig? 10

v. T e l l h e i m. Daß sie mich bei Heller und Pfennig bezahlt hat: was wirst du denn sagen?

W e r n e r *(der sich einen Augenblick besinnt).* Ich werde sagen, daß ich gelogen habe, und daß es eine hundsfött'sche Sache ums Lügen ist, weil man drüber ertappt 15 werden kann.

v. T e l l h e i m. Und wirst dich schämen?

W e r n e r. Aber er, der mich so zu lügen zwingt, was sollte der? Sollte der sich nicht auch schämen? Sehen Sie, Herr Major, wenn ich sagte, daß mich Ihr Ver- 20 fahren nicht verdrösse, so hätte ich wieder gelogen, und ich will nicht mehr lügen. –

v. T e l l h e i m. Sei nicht verdrießlich, Werner! Ich erkenne dein Herz und deine Liebe zu mir. Aber ich brauche dein Geld nicht. 25

W e r n e r. Sie brauchen es nicht? Und verkaufen lieber und versetzen lieber und bringen sich lieber in der Leute Mäuler?

v. T e l l h e i m. Die Leute mögen es immer wissen, daß ich nichts mehr habe. Man muß nicht reicher scheinen 30 wollen, als man ist.

W e r n e r. Aber warum ärmer? – Wir haben, solange unser Freund hat.

v. T e l l h e i m. Es ziemt sich nicht, daß ich dein Schuldner bin. 35

W e r n e r. Ziemt sich nicht? – Wenn an einem heißen Tage, den uns die Sonne und der Feind heiß machte, sich Ihr Reitknecht mit den Kantinen verloren hatte, und Sie zu mir kamen und sagten: „Werner, hast du nichts zu trinken?" und ich Ihnen meine Feldflasche 40

reichte, nicht wahr, Sie nahmen und tranken? – Ziemte
sich das? – Bei meiner armen Seele, wenn ein Trunk
faules Wasser damals nicht oft mehr wert war als alle
der Quark! *(Indem er auch den Beutel mit den Louis-*
doren herauszieht und ihm beides hinreicht.) Nehmen
Sie, lieber Major! Bilden Sie sich ein, es ist Wasser.
Auch das hat Gott für alle geschaffen.

v. T e l l h e i m. Du marterst mich; du hörst es ja, ich
will dein Schuldner nicht sein.

W e r n e r. Erst ziemte es sich nicht; nun wollen Sie nicht?
Ja, das ist was anders. *(Etwas ärgerlich.)* Sie wollen
mein Schuldner nicht sein? Wenn Sie es denn aber schon
wären, Herr Major? Oder sind Sie dem Manne nichts
schuldig, der einmal den Hieb auffing, der Ihnen den
Kopf spalten sollte, und ein andermal den Arm vom
Rumpfe hieb, der eben losdrücken und Ihnen die Ku-
gel durch die Brust jagen wollte? – Was können Sie
diesem Manne mehr schuldig werden? Oder hat es mit
meinem Halse weniger zu sagen als mit meinem Beutel? – Wenn das vornehm gedacht ist, bei meiner
armen Seele, so ist es auch sehr abgeschmackt gedacht!

v. T e l l h e i m. Mit wem sprichst du so, Werner? Wir
sind allein; jetzt darf ich es sagen; wenn uns ein Dritter hörte, so wäre es Windbeutelei. Ich bekenne mit
Vergnügen, daß ich dir zweimal mein Leben zu danken
habe. Aber, Freund, woran fehlte mir es, daß ich bei
Gelegenheit nicht ebensoviel für dich würde getan
haben? He!

W e r n e r. Nur an der Gelegenheit! Wer hat daran ge-
zweifelt, Herr Major? Habe ich Sie nicht hundertmal
für den gemeinsten Soldaten, wenn er ins Gedränge
gekommen war, Ihr Leben wagen sehen?

v. T e l l h e i m. Also!

W e r n e r. Aber –

v. T e l l h e i m. Warum verstehst du mich nicht recht?
Ich sage: es ziemt sich nicht, daß ich dein Schuldner
bin; ich will dein Schuldner nicht sein. Nämlich in den
Umständen nicht, in welchen ich mich jetzt befinde.

W e r n e r. So, so! Sie wollen es versparen bis auf beßre
Zeiten; Sie wollen ein andermal Geld von mir borgen,

wenn Sie keines brauchen, wenn Sie selbst welches haben und ich vielleicht keines.

v. T e l l h e i m. Man muß nicht borgen, wenn man nicht wiederzugeben weiß.

W e r n e r. Einem Manne wie Sie kann es nicht immer fehlen.

v. T e l l h e i m. Du kennst die Welt! – Am wenigsten muß man sodann von einem borgen, der sein Geld selbst braucht.

W e r n e r. O ja, so einer bin ich! Wozu braucht' ich's denn? – Wo man einen Wachtmeister nötig hat, gibt man ihm auch zu leben.

v. T e l l h e i m. Du brauchst es, mehr als Wachtmeister zu werden, dich auf einer Bahn weiterzubringen, auf der ohne Geld auch der Würdigste zurückbleiben kann.

W e r n e r. Mehr als Wachtmeister zu werden? Daran denke ich nicht. Ich bin ein guter Wachtmeister und dürfte leicht ein schlechter Rittmeister und sicherlich noch ein schlechtrer General werden. Die Erfahrung hat man.

v. T e l l h e i m. Mache nicht, daß ich etwas Unrechtes von dir denken muß, Werner! Ich habe es nicht gern gehört, was mir Just gesagt hat. Du hast dein Gut verkauft und willst wieder herumschwärmen. Laß mich nicht von dir glauben, daß du nicht sowohl das Metier als die wilde, liederliche Lebensart liebest, die unglücklicherweise damit verbunden ist. Man muß Soldat sein für sein Land oder aus Liebe zu der Sache, für die gefochten wird. Ohne Absicht heute hier, morgen da dienen, heißt wie ein Fleischerknecht reisen, weiter nichts.

W e r n e r. Nun ja doch, Herr Major, ich will Ihnen folgen. Sie wissen besser, was sich gehört. Ich will bei Ihnen bleiben. – Aber, lieber Major, nehmen Sie doch auch derweile mein Geld. Heut oder morgen muß Ihre Sache aus sein. Sie müssen Geld die Menge bekommen. Sie sollen mir es sodann mit Interessen wiedergeben. Ich tu es ja nur der Interessen wegen.

v. T e l l h e i m. Schweig davon!

W e r n e r. Bei meiner armen Seele, ich tu es nur der

Interessen wegen! – Wenn ich manchmal dachte: Wie
wird es mit dir aufs Alter werden? wenn du zuschan-
den gehauen bist? wenn du nichts haben wirst? wenn
du wirst betteln gehen müssen? so dachte ich wieder:
Nein, du wirst nicht betteln gehn; du wirst zum Major
Tellheim gehn; der wird seinen letzten Pfennig mit
dir teilen; der wird dich zu Tode füttern; bei dem
wirst du als ein ehrlicher Kerl sterben können.

v. T e l l h e i m *(indem er Werners Hand ergreift)*. Und,
Kamerad, das denkst du nicht noch?

W e r n e r. Nein, das denk ich nicht mehr. – Wer von
mir nichts nehmen will, wenn er's bedarf, und ich's
habe, der will mir auch nichts geben, wenn er's hat,
und ich's bedarf. – Schon gut! *(Will gehen.)*

v. T e l l h e i m. Mensch, mache mich nicht rasend! Wo
willst du hin? *(Hält ihn zurück.)* Wenn ich dich nun
auf meine Ehre versichere, daß ich noch Geld habe;
wenn ich dir auf meine Ehre verspreche, daß ich dir es
sagen will, wenn ich keines mehr habe; daß du der
erste und einzige sein sollst, bei dem ich mir etwas
borgen will: – bist du dann zufrieden?

W e r n e r. Muß ich nicht? – Geben Sie mir die Hand
darauf, Herr Major.

v. T e l l h e i m. Da, Paul! – Und nun genug davon. Ich
kam hieher, um ein gewisses Mädchen zu sprechen –

ACHTER AUFTRITT

Franziska, aus dem Zimmer des Fräuleins. v. Tellheim.
Paul Werner.

F r a n z i s k a *(im Hereintreten)*. Sind Sie noch da,
Herr Wachtmeister? – *(Indem sie den Tellheim gewahr*
wird.) Und Sie sind auch da, Herr Major? – Den
Augenblick bin ich zu Ihren Diensten. *(Geht geschwind*
wieder in das Zimmer.)

NEUNTER AUFTRITT

v. Tellheim. Paul Werner.

v. T e l l h e i m. Das war sie! – Aber ich höre ja, du kennst sie, Werner?

W e r n e r. Ja, ich kenne das Frauenzimmerchen. – 5

v. T e l l h e i m. Gleichwohl, wenn ich mich recht erinnere, als ich in Thüringen Winterquartier hatte, warst du nicht bei mir?

W e r n e r. Nein, da besorgte ich in Leipzig Mundierungsstücke. 10

v. T e l l h e i m. Woher kennst du sie denn also?

W e r n e r. Unsere Bekanntschaft ist noch blutjung. Sie ist von heute. Aber junge Bekanntschaft ist warm.

v. T e l l h e i m. Also hast du ihr Fräulein wohl auch schon gesehen? 15

W e r n e r. Ist ihre Herrschaft ein Fräulein? Sie hat mir gesagt, Sie kennten ihre Herrschaft.

v. T e l l h e i m. Hörst du nicht? aus Thüringen her.

W e r n e r. Ist das Fräulein jung?

v. T e l l h e i m. Ja.

W e r n e r. Schön? 20

v. T e l l h e i m. Sehr schön.

W e r n e r. Reich?

v. T e l l h e i m. Sehr reich.

W e r n e r. Ist Ihnen das Fräulein auch so gut wie das 25 Mädchen? Das wäre ja vortrefflich!

v. T e l l h e i m. Wie meinst du?

ZEHNTER AUFTRITT

Franziska wieder heraus, mit einem Brief in der Hand.
v. Tellheim. Paul Werner. 30

F r a n z i s k a. Herr Major –

v. T e l l h e i m. Liebe Franziska, ich habe dich noch nicht willkommen heißen können.

F r a n z i s k a. In Gedanken werden Sie es doch schon getan haben. Ich weiß, Sie sind mir gut. Ich Ihnen 35 auch. Aber das ist gar nicht artig, daß Sie Leute, die Ihnen gut sind, so ängstigen.

W e r n e r *(vor sich).* Ha, nun merk ich. Es ist richtig!

v. T e l l h e i m. Mein Schicksal, Franziska! – Hast du ihr den Brief übergeben?

F r a n z i s k a. Ja, und hier übergebe ich Ihnen – *(Reicht ihm den Brief.)*

v. T e l l h e i m. Eine Antwort? –

F r a n z i s k a. Nein, Ihren eignen Brief wieder.

v. T e l l h e i m. Was? Sie will ihn nicht lesen?

F r a n z i s k a. Sie wollte wohl, aber – wir können Geschriebenes nicht gut lesen.

v. T e l l h e i m. Schäkerin!

F r a n z i s k a. Und wir denken, daß das Briefschreiben für die nicht erfunden ist, die sich mündlich miteinander unterhalten können, sobald sie wollen.

v. T e l l h e i m. Welcher Vorwand! Sie muß ihn lesen. Er enthält meine Rechtfertigung – alle die Gründe und Ursachen –

F r a n z i s k a. Die will das Fräulein von Ihnen selbst hören, nicht lesen.

v. T e l l h e i m. Von mir selbst hören? Damit mich jedes Wort, jede Miene von ihr verwirre; damit ich in jedem ihrer Blicke die ganze Größe meines Verlusts empfinde? –

F r a n z i s k a. Ohne Barmherzigkeit! – Nehmen Sie! *(Sie gibt ihm den Brief.)* Sie erwartet Sie um drei Uhr. Sie will ausfahren und die Stadt besehen. Sie sollen mit ihr fahren.

v. T e l l h e i m. Mit ihr fahren?

F r a n z i s k a. Und was geben Sie mir, so laß ich Sie beide ganz allein fahren? Ich will zu Hause bleiben.

v. T e l l h e i m. Ganz allein?

F r a n z i s k a. In einem schönen verschloßnen Wagen.

v. T e l l h e i m. Unmöglich!

F r a n z i s k a. Ja, ja; im Wagen muß der Herr Major Katz aushalten; da kann er uns nicht entwischen. Darum geschieht es eben. – Kurz, Sie kommen, Herr Major; und Punkte drei. – Nun? Sie wollten mich ja auch allein sprechen. Was haben Sie mir denn zu sagen? – Ja so, wir sind nicht allein. *(Indem sie Wernern ansieht.)*

v. T e l l h e i m. Doch, Franziska, wir wären allein.
Aber da das Fräulein den Brief nicht gelesen hat, so
habe ich dir noch nichts zu sagen.
F r a n z i s k a. So? wären wir doch allein? Sie haben
vor dem Herrn Wachtmeister keine Geheimnisse?   5
v. T e l l h e i m. Nein, keine.
F r a n z i s k a. Gleichwohl, dünkt mich, sollten Sie welche vor ihm haben.
v. T e l l h e i m. Wie das?
W e r n e r. Warum das, Frauenzimmerchen?   10
F r a n z i s k a. Besonders Geheimnisse von einer gewissen Art. – Alle zwanzig, Herr Wachtmeister? *(Indem sie beide Hände mit gespreizten Fingern in die
Höhe hält.)*
W e r n e r. St! st! Frauenzimmerchen, Frauenzimmer-   15
chen!
v. T e l l h e i m. Was heißt das?
F r a n z i s k a. Husch ist's am Finger, Herr Wachtmeister? *(Als ob sie einen Ring geschwind ansteckte.)*
v. T e l l h e i m. Was habt ihr?   20
W e r n e r. Frauenzimmerchen, Frauenzimmerchen, Sie
wird ja wohl Spaß verstehn?
v. T e l l h e i m. Werner, du hast doch nicht vergessen,
was ich dir mehrmal gesagt habe, daß man über einen
gewissen Punkt mit dem Frauenzimmer nie scherzen   25
muß?
W e r n e r. Bei meiner armen Seele, ich kann's vergessen
haben! – Frauenzimmerchen, ich bitte –
F r a n z i s k a. Nun, wenn es Spaß gewesen ist; dasmal
will ich es Ihm verzeihen.   30
v. T e l l h e i m. Wenn ich denn durchaus kommen muß,
Franziska: so mache doch nur, daß das Fräulein den
Brief vorher noch lieset. Das wird mir die Peinigung
ersparen, Dinge noch einmal zu denken, noch einmal
zu sagen, die ich so gern vergessen möchte. Da, gib ihr 35
ihn! *(Indem er den Brief umkehrt und ihr ihn zu-
reichen will, wird er gewahr, daß er erbrochen ist.)*
Aber sehe ich recht? Der Brief, Franziska, ist ja erbrochen.
F r a n z i s k a. Das kann wohl sein. *(Besieht ihn.)* Wahr- 40

haftig, er ist erbrochen. Wer muß ihn denn erbrochen
haben? Doch gelesen haben wir ihn wirklich nicht,
Herr Major, wirklich nicht. Wir wollen ihn auch nicht
lesen, denn der Schreiber kömmt selbst. Kommen Sie
ja; und wissen Sie was, Herr Major? Kommen Sie
nicht so, wie Sie da sind, in Stiefeln, kaum frisiert.
Sie sind zu entschuldigen, Sie haben uns nicht vermutet.
Kommen Sie in Schuhen, und lassen Sie sich frisch frisieren. – So sehen Sie mir gar zu brav, gar zu preu-
ßisch aus!

v. T e l l h e i m. Ich danke dir, Franziska.

F r a n z i s k a. Sie sehen aus, als ob Sie vorige Nacht
kampiert hätten.

v. T e l l h e i m. Du kannst es erraten haben.

F r a n z i s k a. Wir wollen uns gleich auch putzen und
sodann essen. Wir behielten Sie gern zum Essen, aber
Ihre Gegenwart möchte uns an dem Essen hindern;
und sehen Sie, so gar verliebt sind wir nicht, daß uns
nicht hungerte.

v. T e l l h e i m. Ich geh! Franziska, bereite sie indes ein
wenig vor, damit ich weder in ihren noch in meinen
Augen verächtlich werden darf. – Komm, Werner, du
sollst mit mir essen.

W e r n e r. An der Wirtstafel hier im Hause? Da wird
mir kein Bissen schmecken.

v. T e l l h e i m. Bei mir auf der Stube.

W e r n e r. So folge ich Ihnen gleich. Nur noch ein Wort
mit dem Frauenzimmerchen.

v. T e l l h e i m. Das gefällt mir nicht übel! *(Geht ab.)*

EILFTER AUFTRITT

Paul Werner. Franziska.

F r a n z i s k a. Nun, Herr Wachtmeister? –

W e r n e r. Frauenzimmerchen, wenn ich wiederkomme,
soll ich auch geputzter kommen?

F r a n z i s k a. Komm Er, wie Er will, Herr Wachtmeister; meine Augen werden nichts wider Ihn haben.
Aber meine Ohren werden desto mehr auf ihrer Hut

gegen Ihn sein müssen. – Zwanzig Finger, alle voller
Ringe! Ei, ei, Herr Wachtmeister!

W e r n e r. Nein, Frauenzimmerchen; eben das wollt' ich
Ihr noch sagen: die Schnurre fuhr mir nun so heraus!
Es ist nichts dran. Man hat ja wohl an *einem* Ringe 5
genug. Und hundert- und aberhundertmal habe ich
den Major sagen hören: „Das muß ein Schurke von
einem Soldaten sein, der ein Mädchen anführen kann!"
– So denk ich auch, Frauenzimmerchen. Verläß Sie sich
darauf! – Ich muß machen, daß ich ihm nachkomme. – 10
Guten Appetit, Frauenzimmerchen! *(Geht ab.)*

F r a n z i s k a. Gleichfalls, Herr Wachtmeister! – Ich
glaube, der Mann gefällt mir! *(Indem sie hineingehen
will, kömmt ihr das Fräulein entgegen.)*

ZWÖLFTER AUFTRITT   15

Das Fräulein. Franziska.

D a s   F r ä u l e i n. Ist der Major schon wieder fort? –
Franziska, ich glaube, ich wäre jetzt schon wieder ruhig genug, daß ich ihn hätte hierbehalten können.

F r a n z i s k a. Und ich will Sie noch ruhiger machen. 20

D a s   F r ä u l e i n. Desto besser! Sein Brief, oh, sein
Brief! Jede Zeile sprach den ehrlichen, edlen Mann.
Jede Weigerung, mich zu besitzen, beteuerte mir seine
Liebe. – Er wird es wohl gemerkt haben, daß wir den
Brief gelesen. – Mag er doch, wenn er nur kömmt. Er 25
kömmt doch gewiß? – Bloß ein wenig zu viel Stolz,
Franziska, scheint mir in seiner Aufführung zu sein.
Denn auch seiner Geliebten sein Glück nicht wollen zu
danken haben, ist Stolz, unverzeihlicher Stolz! Wenn
er mir diesen zu stark merken läßt, Franziska – 30

F r a n z i s k a. So wollen Sie seiner entsagen?

D a s   F r ä u l e i n. Ei, sieh doch! Jammert er dich nicht
schon wieder? Nein, liebe Närrin, *eines* Fehlers wegen
entsagt man keinem Manne. Nein, aber ein Streich ist
mir beigefallen, ihn wegen dieses Stolzes mit ähn- 35
lichem Stolze ein wenig zu martern.

F r a n z i s k a. Nun, da müssen Sie ja recht sehr ruhig

sein, mein Fräulein, wenn Ihnen schon wieder Streiche
beifallen.

Das Fräulein. Ich bin es auch; komm nur. Du wirst
deine Rolle dabei zu spielen haben. *(Sie gehen herein.)*

VIERTER AUFZUG

ERSTER AUFTRITT

Die Szene: Das Zimmer des Fräuleins.

*Das Fräulein völlig und reich, aber mit Geschmack ge-
kleidet. Franziska. Sie stehen vom Tische auf, den ein
Bedienter abräumt.*

Franziska. Sie können unmöglich satt sein, gnädiges
Fräulein.

Das Fräulein. Meinst du, Franziska? Vielleicht,
daß ich mich nicht hungrig niedersetzte.

Franziska. Wir hatten ausgemacht, seiner während
der Mahlzeit nicht zu erwähnen. Aber wir hätten uns
auch vornehmen sollen, an ihn nicht zu denken.

Das Fräulein. Wirklich, ich habe an nichts als an
ihn gedacht.

Franziska. Das merkte ich wohl. Ich fing von hundert Dingen an zu sprechen, und Sie antworteten mir
auf jedes verkehrt. *(Ein andrer Bedienter trägt Kaffee
auf.)* Hier kömmt eine Nahrung, bei der man eher
Grillen machen kann. Der liebe melancholische Kaffee!

Das Fräulein. Grillen? Ich mache keine. Ich
denke bloß der Lektion nach, die ich ihm geben will. Hast du
mich recht begriffen, Franziska?

Franziska. O ja; am besten aber wäre es, er ersparte
sie uns.

Das Fräulein. Du wirst sehen, daß ich ihn von
Grund aus kenne. Der Mann, der mich jetzt mit allen
Reichtümern verweigert, wird mich der ganzen Welt
streitig machen, sobald er hört, daß ich unglücklich
und verlassen bin.

Franziska *(sehr ernsthaft).* Und so was muß die
feinste Eigenliebe unendlich kitzeln.

Das Fräulein. Sittenrichterin! Seht doch! Vorhin

ertappte sie mich auf Eitelkeit, jetzt auf Eigenliebe. –
Nun, laß mich nur, liebe Franziska. Du sollst mit deinem Wachtmeister auch machen können, was du willst.
F r a n z i s k a. Mit meinem Wachtmeister?
5 D a s F r ä u l e i n. Ja, wenn du es vollends leugnest, so
ist es richtig. – Ich habe ihn noch nicht gesehen, aber
aus jedem Worte, das du mir von ihm gesagt hast,
prophezeie ich dir deinen Mann.

ZWEITER AUFTRITT

10   *Riccaut de la Marlinière. Das Fräulein. Franziska.*

R i c c a u t *(noch innerhalb der Szene).* Est-il permis,
Monsieur le Major?
F r a n z i s k a. Was ist das? Will das zu uns? *(Gegen die
Türe gehend.)*
15 R i c c a u t. Parbleu! Ik bin unriktig. – Mais non – Ik
bin nit unriktig – C'est sa chambre –
F r a n z i s k a. Ganz gewiß, gnädiges Fräulein, glaubt
dieser Herr, den Major von Tellheim noch hier zu
finden.
20 R i c c a u t. Iß so! – Le Major de Tellheim; juste, ma
belle enfant, c'est lui que je cherche. Où est-il?
F r a n z i s k a. Er wohnt nicht mehr hier.
R i c c a u t. Comment? nok vor vier un swansik Stund
hier logier? Und logier nit mehr hier? Wo logier er
25 denn?
D a s F r ä u l e i n *(die auf ihn zukömmt).* Mein Herr –
R i c c a u t. Ih Madame – Mademoiselle – Ihro Gnad
verzeih –
D a s F r ä u l e i n. Mein Herr, Ihre Irrung ist sehr zu
30 vergeben und Ihre Verwunderung sehr natürlich. Der
Herr Major hat die Güte gehabt, mir als einer Fremden, die nicht unterzukommen wußte, sein Zimmer zu
überlassen.
R i c c a u t. Ah, voilà de ses politesses! C'est un très
35 galant-homme que ce Major!
D a s F r ä u l e i n. Wo er indes hingezogen – wahrhaftig, ich muß mich schämen, es nicht zu wissen.

R i c c a u t. Ihro Gnad nit wiß? C'est dommage; j'en
suis fâché.

D a s F r ä u l e i n. Ich hätte mich allerdings darnach erkundigen sollen. Freilich werden ihn seine Freunde
noch hier suchen.   5

R i c c a u t. Ik bin sehr von seine Freund, Ihro Gnad –

D a s F r ä u l e i n. Franziska, weißt du es nicht?

F r a n z i s k a. Nein, gnädiges Fräulein.

R i c c a u t. Ik hätt ihn zu sprek sehr notwendik. Ik
komm ihm bringen eine Nouvelle, davon er sehr frölik 10
sein wird.

D a s F r ä u l e i n. Ich bedaure um so viel mehr. – Doch
hoffe ich, vielleicht bald ihn zu sprechen. Ist es gleich-
viel, aus wessen Munde er diese gute Nachricht erfährt,
so erbiete ich mich, mein Herr –   15

R i c c a u t. Ik versteh. – Mademoiselle parle français?
Mais sans doute; telle que je la vois! – La demande
était bien impolie; vous me pardonnerez, Mademoiselle. –

D a s F r ä u l e i n. Mein Herr –   20

R i c c a u t. Nit? Sie sprek nit Französisch, Ihro Gnad?

D a s F r ä u l e i n. Mein Herr, in Frankreich würde ich
es zu sprechen suchen. Aber warum hier? Ich höre ja,
daß Sie mich verstehen, mein Herr. Und ich, mein
Herr, werde Sie gewiß auch verstehen; sprechen Sie, 25
wie es Ihnen beliebt.

R i c c a u t. Gutt, gutt! Ik kann auk mik auf Deutsch
explizier. – Sachez donc, Mademoiselle – Ihro Gnad
soll also wiß, daß ik komm von die Tafel bei die
Minister – Minister von – Minister von – wie heiß 30
der Minister da drauß? – in der lange Straß? – auf
die breite Platz? –

D a s F r ä u l e i n. Ich bin hier noch völlig unbekannt.

R i c c a u t. Nun, die Minister von der Kriegsdeparte-
ment. – Da haben ik zu Mittag gespeisen – ik speisen 35
à l'ordinaire bei ihm – und da iß man gekommen
reden auf der Major Tellheim; et le ministre m'a dit
en confidence, car Son Excellence est de mes amis,
et il n'y a point de mystères entre nous – Se. Exzellenz, will ik sag, haben mir vertrau, daß die Sak von 40

unserm Major sei auf den Point zu enden und gutt zu
enden. Er habe gemakt ein Rapport an den Könik,
und der Könik habe darauf resolvier, tout-à-fait en
faveur du Major. – Monsieur, m'a dit Son Excellence,
vous comprenez bien, que tout dépend de la manière,
dont on fait envisager les choses au roi, et vous me
connaissez. Cela fait un très joli garçon que ce Tellheim, et ne sais-je pas que vous l'aimez? Les amis de
mes amis sont aussi les miens. Il coute un peu cher au
roi ce Tellheim, mais est-ce que l'on sert les rois pour
rien? Il faut s'entr'aider en ce monde; et quand il
s'agit de pertes, que ce soit le roi, qui en fasse, et non
pas un honnête-homme de nous autres. Voilà le prin-
cipe, dont je ne me dépars jamais. – Was sag Ihro
Gnad hierzu? Nit wahr, das iß ein brav Mann? Ah
que Son Excellence a le cœur bien placé! Er hat mir au
reste versiker, wenn der Major nit schon bekommen
habe une Lettre de la main – eine Könikliken Hand-
brief, daß er heut infailliblement müsse bekommen
einen.

Das Fräulein. Gewiß, mein Herr, diese Nachricht
wird dem Major von Tellheim höchst angenehm sein.
Ich wünschte nur, ihm den Freund zugleich mit Namen
nennen zu können, der so viel Anteil an seinem Glücke
nimmt –

Riccaut. Mein Namen wünscht Ihro Gnad? – Vous
voyez en moi – Ihro Gnad seh in mik le Chevalier
Riccaut de la Marlinière, Seigneur de Pret-au-val, de
la branche de Prensd'or. – Ihro Gnad steh verwun-
dert, mik aus so ein groß, groß Familie zu hören, qui
est véritablement du sang Royal. – Il faut le dire;
je suis sans doute le cadet le plus avantureux, que la
maison a jamais eu. – Ik dien von meiner elfte Jahr.
Ein Affaire d'honneur makte mik fliehen. Darauf
haben ik gedienet Sr. Päpstliken Eilikheit, der Re-
publik St. Marino, der Kron Polen und den Staaten-
General, bis ik endlik bin worden gezogen hierher.
Ah, Mademoiselle, que je voudrais n'avoir jamais vu
ce pays-là! Hätte man mik gelaß im Dienst von den
Staaten-General, so müßt ik nun sein aufs wenikst

Oberst. Aber so hier immer und ewik Capitaine geblieben, und nun gar sein ein abgedankte Capitaine –
D a s F r ä u l e i n. Das ist viel Unglück.
R i c c a u t. Oui, Mademoiselle, me voilà reformé, et
par-là mis sur le pavé!   5
D a s F r ä u l e i n. Ich beklage sehr.
R i c c a u t. Vous êtes bien bonne, Mademoiselle. – Nein,
man kenn sik hier nit auf den Verdienst. Einen Mann
wie mik su reformir! Einen Mann, der sik nok dasu
in diesem Dienst hat rouinir! – Ik haben dabei su- 10
gesetzt mehr als swansik tausend Livres. Was hab ik
nun? Tranchons le mot; je n'ai pas le sou, et me voilà
exactement vis-à-vis du rien. –
D a s F r ä u l e i n. Es tut mir ungemein leid.
R i c c a u t. Vous êtes bien bonne, Mademoiselle. Aber 15
wie man pfleg su sagen: ein jeder Unglück schlepp nak
sik seine Bruder; qu'un malheur ne vient jamais seul:
so mit mir arrivir. Was ein Honnête-homme von mein
Extraction kann anders haben für Ressource als das
Spiel? Nun hab ik immer gespielen mit Glück, solang 20
ik hatte nit vonnöten der Glück. Nun ik ihr hätte vonnöten, Mademoiselle, je joue avec un guignon, qui
surpasse toute croyance. Seit funfsehn Tag iß vergan-
gen keine, wo sie mik nit hab gesprenkt. Nok gestern
hab sie mik gesprenkt dreimal. Je sais bien, qu'il y 25
avait quelque chose de plus que le jeu. Car parmi mes
pontes se trouvaient certaines dames – Ik will niks
weiter sag. Man muß sein galant gegen die Damen. Sie
haben auk mik heut invitir, mir su geben revanche;
mais – vous m'entendez, Mademoiselle. – Man muß 30
erst wiß, wovon leben, ehe man haben kann, wovon
su spielen –
D a s F r ä u l e i n. Ich will nicht hoffen, mein Herr –
R i c c a u t. Vous êtes bien bonne, Mademoiselle –
D a s F r ä u l e i n *(nimmt die Franziska beiseite)*. Fran- 35
ziska, der Mann dauert mich im Ernste. Ob er mir es
wohl übelnehmen würde, wenn ich ihm etwas anböte?
F r a n z i s k a. Der sieht mir nicht darnach aus.
D a s F r ä u l e i n. Gut! – Mein Herr, ich höre – daß
Sie spielen, daß Sie Bank machen; ohne Zweifel an 40

Orten, wo etwas zu gewinnen ist. Ich muß Ihnen be-
kennen, daß ich – gleichfalls das Spiel sehr liebe –
Riccaut. Tant mieux, Mademoiselle, tant mieux!
Tous les gens d'esprit aiment le jeu à la fureur.
5 Das Fräulein. Daß ich sehr gern gewinne; sehr gern
mein Geld mit einem Mann wage, der – zu spielen
weiß. – Wären Sie wohl geneigt, mein Herr, mich in
Gesellschaft zu nehmen? mir einen Anteil an Ihrer
Bank zu gönnen?
10 Riccaut. Comment, Mademoiselle, vous voulez être
de moitié avec moi? De tout mon cœur.
Das Fräulein. Vors erste nur mit einer Kleinigkeit
– *(Geht und langt Geld aus ihrer Schatulle.)*
Riccaut. Ah, Mademoiselle, que vous êtes charmante! –
15 Das Fräulein. Hier habe ich, was ich ohnlängst gewonnen, nur zehn Pistolen – ich muß mich zwar schämen, so wenig –
Riccaut. Donnez toujours, Mademoiselle, donnez.
(Nimmt es.)
20 Das Fräulein. Ohne Zweifel, daß Ihre Bank, mein
Herr, sehr ansehnlich ist –
Riccaut. Jawohl, sehr ansehnlik. Sehn Pistol? Ihr
Gnad soll sein dafür interessir bei meiner Bank auf ein
Dreiteil, pour le tiers. Swar auf ein Dreiteil sollen
25 sein – etwas mehr. Dok mit einer schöne Damen muß
man es nehmen nit so genau. Ik gratulir mik, su kom-
men dadurk in liaison mit Ihro Gnad, et de ce mo-
ment je recommence à bien augurer de ma fortune.
Das Fräulein. Ich kann aber nicht dabei sein, wenn
30 Sie spielen, mein Herr.
Riccaut. Was brauk Ihro Gnad dabei su sein? Wir
andern Spieler sind ehrlike Leut untereinander.
Das Fräulein. Wenn wir glücklich sind, mein Herr,
so werden Sie mir meinen Anteil schon bringen. Sind
35 wir aber unglücklich –
Riccaut. So komm ik holen Rekruten. Nit wahr,
Ihro Gnad?
Das Fräulein. Auf die Länge dürften die Rekruten
fehlen. Verteidigen Sie unser Geld daher ja wohl,
40 mein Herr.

R i c c a u t. Wofür seh mik Ihro Gnad an? Für ein Ein-
falspinse? für ein dumme Teuf?

D a s F r ä u l e i n. Verzeihen Sie mir –

R i c c a u t. Je suis des bons, Mademoiselle. Savez-vous
ce que cela veut dire? Ik bin von die Ausgelernt –   5

D a s F r ä u l e i n. Aber doch wohl, mein Herr –

R i c c a u t. Je sais monter un coup –

D a s F r ä u l e i n *(verwundernd)*. Sollten Sie?

R i c c a u t. Je file la carte avec une adresse –

D a s F r ä u l e i n. Nimmermehr!   10

R i c c a u t. Je fais sauter la coupe avec une dextérité –

D a s F r ä u l e i n. Sie werden doch nicht, mein Herr?

R i c c a u t. Was nit? Ihro Gnade, was nit? Donnez-moi
un pigeonneau à plumer, et –

D a s F r ä u l e i n. Falsch spielen? betrügen?   15

R i c c a u t. Comment, Mademoiselle? Vous appellez
cela betrügen? Corriger la fortune, l'enchaîner sous ses
doigts, être sûr de son fait, das nenn die Deutsch betrügen? Betrügen! Oh, was ist die deutsch Sprak für
ein arm Sprak! für ein plump Sprak!   20

D a s F r ä u l e i n. Nein, mein Herr, wenn Sie so denken –

R i c c a u t. Laissez-moi faire, Mademoiselle, und sein
Sie ruhik! Was gehn Sie an, wie ik spiel? – Gnug,
morgen entweder sehn mik wieder Ihro Gnad mit   25
hundert Pistol, oder seh mik wieder gar nit – Votre
très-humble, Mademoiselle, votre très-humble – *(Eilends ab.)*

D a s F r ä u l e i n *(die ihm mit Erstaunen und Verdruß
nachsieht)*. Ich wünsche das letzte, mein Herr, das   30
letzte!

DRITTER AUFTRITT

Das Fräulein. Franziska.

F r a n z i s k a *(erbittert)*. Kann ich noch reden? O schön!
o schön!   35

D a s F r ä u l e i n. Spotte nur; ich verdiene es. *(Nach
einem kleinen Nachdenken und gelassener.)* Spotte
nicht, Franziska; ich verdiene es nicht.

F r a n z i s k a. Vortrefflich! Da haben Sie etwas Aller-
liebstes getan, einen Spitzbuben wieder auf die Beine
geholfen.
D a s   F r ä u l e i n. Es war einem Unglücklichen zu-
gedacht.
F r a n z i s k a. Und was das beste dabei ist: der Kerl
hält Sie für seinesgleichen. – Oh, ich muß ihm nach
und ihm das Geld wieder abnehmen. *(Will fort.)*
D a s   F r ä u l e i n. Franziska, laß den Kaffee nicht vollends kalt werden, schenk ein.
F r a n z i s k a. Er muß es Ihnen wiedergeben; Sie haben
sich anders besonnen; Sie wollen mit ihm nicht in Gesellschaft spielen. Zehn Pistolen! Sie hörten ja, Fräulein, daß es ein Bettler war! *(Das Fräulein schenkt
indes selbst ein.)* Wer wird einem Bettler so viel geben?
Und ihm noch dazu die Erniedrigung, es erbettelt zu
haben, zu ersparen suchen? Den Mildtätigen, der den
Bettler aus Großmut verkennen will, verkennt der
Bettler wieder. Nun mögen Sie es haben, Fräulein,
wenn er Ihre Gabe, ich weiß nicht wofür, ansieht. –
(Und reicht der Franziska eine Tasse.) Wollen Sie mir
das Blut noch mehr in Wallung bringen? Ich mag nicht
trinken. *(Das Fräulein setzt sie wieder weg.)* „Parbleu, Ihro Gnad, man kenn sik hier nit auf den Verdienst.“ *(In dem Tone des Franzosen.)* Freilich nicht,
wenn man die Spitzbuben so ungehangen herumlaufen
läßt.
D a s   F r ä u l e i n *(kalt und nachdenkend, indem sie
trinkt)*. Mädchen, du verstehst dich so trefflich auf die
guten Menschen: aber, wenn willst du die schlechten
ertragen lernen? – Und sie sind doch auch Menschen.
– Und öfters bei weitem so schlechte Menschen nicht,
als sie scheinen. – Man muß ihre gute Seite nur aufsuchen. – Ich bilde mir ein, dieser Franzose ist nichts
als eitel. Aus bloßer Eitelkeit macht er sich zum fal-
schen Spieler; er will mir nicht verbunden scheinen, er
will sich den Dank ersparen. Vielleicht, daß er nun
hingeht, seine kleine Schulden bezahlt, von dem
Reste, soweit er reicht, still und sparsam lebt und an
das Spiel nicht denkt. Wenn das ist, liebe Franziska,

so laß ihn Rekruten holen, wenn er will. – *(Gibt ihr
die Tasse.)* Da, setz weg! – Aber, sage mir, sollte Tellheim nicht schon da sein?
F r a n z i s k a. Nein, gnädiges Fräulein, ich kann beides
nicht, weder an einem schlechten Menschen die gute,   5
noch an einem guten Menschen die böse Seite aufsuchen.
D a s F r ä u l e i n. Er kömmt doch ganz gewiß? –
F r a n z i s k a. Er sollte wegbleiben! – Sie bemerken an
ihm, dem besten Manne, ein wenig Stolz, und darum   10
wollen Sie ihn so grausam necken?
D a s F r ä u l e i n. Kömmst du da wieder hin? – Schweig,
das will ich nun einmal so. Wo du mir diese Lust ver-
dirbst; wo du nicht alles sagst und tust, wie wir es
abgeredet haben! – Ich will dich schon allein mit ihm   15
lassen, und dann – – Jetzt kömmt er wohl.

VIERTER AUFTRITT

*Paul Werner (der in einer steifen Stellung, gleichsam im
Dienste, hereintritt). Das Fräulein. Franziska.*

F r a n z i s k a. Nein, es ist nur sein lieber Wachtmeister.   20
D a s F r ä u l e i n. Lieber Wachtmeister? Auf wen be-
zieht sich dieses Lieber?
F r a n z i s k a. Gnädiges Fräulein, machen Sie mir den
Mann nicht verwirrt. – Ihre Dienerin, Herr Wachtmeister; was bringen Sie uns?   25
W e r n e r *(geht, ohne auf die Franziska zu achten, an
das Fräulein).* Der Major von Tellheim läßt an das
gnädige Fräulein von Barnhelm durch mich, den Wachtmeister Werner, seinen untertänigen Respekt vermel-
den und sagen, daß er sogleich hier sein werde.   30
D a s F r ä u l e i n. Wo bleibt er denn?
W e r n e r. Ihro Gnaden werden verzeihen; wir sind
noch vor dem Schlage drei aus dem Quartier gegangen,
aber da hat ihn der Kriegszahlmeister unterwegens
angeredet, und weil mit dergleichen Herren des Redens   35
immer kein Ende ist: so gab er mir einen Wink, dem
gnädigen Fräulein den Vorfall zu rapportieren.

Das Fräulein. Recht wohl, Herr Wachtmeister. Ich
wünsche nur, daß der Kriegszahlmeister dem Major
etwas Angenehmes möge zu sagen haben.
Werner. Das haben dergleichen Herren den Offizieren
5 selten. – Haben Ihro Gnaden etwas zu befehlen? *(Im
Begriffe wieder zu gehen.)*
Franziska. Nun, wo denn schon wieder hin, Herr
Wachtmeister? Hätten wir denn nichts miteinander zu
plaudern?
10 Werner *(sachte zur Franziska und ernsthaft).* Hier
nicht, Frauenzimmerchen. Es ist wider den Respekt,
wider die Subordination. – Gnädiges Fräulein –
Das Fräulein. Ich danke für Seine Bemühung, Herr
Wachtmeister. – Es ist mir lieb gewesen, Ihn kennen-
15 zulernen. Franziska hat mir viel Gutes von Ihm gesagt.
(Werner macht eine steife Verbeugung und geht ab.)

FÜNFTER AUFTRITT

Das Fräulein. Franziska.

Das Fräulein. Das ist dein Wachtmeister, Fran-
20 ziska?
Franziska. Wegen des spöttischen Tones habe ich
nicht Zeit, dieses dein nochmals aufzumutzen. – – Ja,
gnädiges Fräulein, das ist mein Wachtmeister. Sie finden ihn ohne Zweifel ein wenig steif und hölzern.
25 Jetzt kam er mir fast auch so vor. Aber ich merke
wohl, er glaubte, vor Ihro Gnaden auf die Parade
ziehen zu müssen. Und wenn die Soldaten paradieren
– ja freilich scheinen sie da mehr Drechslerpuppen als
Männer. Sie sollten ihn hingegen nur sehn und hören,
30 wenn er sich selbst gelassen ist.
Das Fräulein. Das müßte ich denn wohl!
Franziska. Er wird noch auf dem Saale sein. Darf
ich nicht gehn und ein wenig mit ihm plaudern?
Das Fräulein. Ich versage dir ungern dieses Ver-
35 gnügen. Du mußt hierbleiben, Franziska. Du mußt bei
unserer Unterredung gegenwärtig sein! – Es fällt mir
noch etwas bei. *(Sie zieht ihren Ring vom Finger.)* Da,

nimm meinen Ring, verwahre ihn, und gib mir des
Majors seinen dafür.

F r a n z i s k a. Warum das?

D a s F r ä u l e i n (*indem Franziska den andern Ring
holt*). Recht weiß ich es selbst nicht, aber mich dünkt, 5
ich sehe so etwas voraus, wo ich ihn brauchen könnte.
– Man pocht – Geschwind gib her! (*Sie steckt ihn an.*)
Er ist's!

SECHSTER AUFTRITT

v. Tellheim in dem nämlichen Kleide, aber sonst so, wie 10
es Franziska verlangt. Das Fräulein. Franziska.

v. T e l l h e i m. Gnädiges Fräulein, Sie werden mein
Verweilen entschuldigen –

D a s F r ä u l e i n. Oh, Herr Major, so gar militärisch
wollen wir es miteinander nicht nehmen. Sie sind ja 15
da! Und ein Vergnügen erwarten, ist auch ein Vergnügen. – Nun? (*indem sie ihm lächelnd ins Gesicht
sieht*) lieber Tellheim, waren wir nicht vorhin Kinder?

v. T e l l h e i m. Jawohl, Kinder, gnädiges Fräulein;
Kinder, die sich sperren, wo sie gelassen folgen sollten. 20

D a s F r ä u l e i n. Wir wollen ausfahren, lieber Major
– die Stadt ein wenig zu besehen –, und hernach meinem Oheim entgegen.

v. T e l l h e i m. Wie?

D a s F r ä u l e i n. Sehen Sie, auch das Wichtigste ha- 25
ben wir einander noch nicht sagen können. Ja, er trifft
noch heut hier ein. Ein Zufall ist schuld, daß ich einen
Tag früher ohne ihn angekommen bin.

v. T e l l h e i m. Der Graf von Bruchsall? Ist er zurück?

D a s F r ä u l e i n. Die Unruhen des Krieges verscheuch- 30
ten ihn nach Italien; der Friede hat ihn wieder zurück-
gebracht. – Machen Sie sich keine Gedanken, Tellheim.
Besorgten wir schon ehemals das stärkste Hindernis
unsrer Verbindung von seiner Seite –

v. T e l l h e i m. Unserer Verbindung? 35

D a s F r ä u l e i n. Er ist Ihr Freund. Er hat von zu
vielen zu viel Gutes von Ihnen gehört, um es nicht zu
sein. Er brennet, den Mann von Antlitz zu kennen,

den seine einzige Erbin gewählt hat. Er kömmt als
Oheim, als Vormund, als Vater, mich Ihnen zu über-
geben.
v. T e l l h e i m. Ah, Fräulein, warum haben Sie meinen
Brief nicht gelesen? Warum haben Sie ihn nicht lesen
wollen?
D a s F r ä u l e i n. Ihren Brief? Ja, ich erinnere mich,
Sie schickten mir einen. Wie war es denn mit diesem
Briefe, Franziska? Haben wir ihn gelesen, oder haben
wir ihn nicht gelesen? Was schrieben Sie mir denn,
lieber Tellheim? –
v. T e l l h e i m. Nichts, als was mir die Ehre befiehlt.
D a s F r ä u l e i n. Das ist, ein ehrliches Mädchen, die
Sie liebt, nicht sitzen zu lassen. Freilich befiehlt das die
Ehre. Gewiß, ich hätte den Brief lesen sollen. Aber
was ich nicht gelesen habe, das höre ich ja.
v. T e l l h e i m. Ja, Sie sollen es hören –
D a s F r ä u l e i n. Nein, ich brauch es auch nicht einmal zu hören. Es versteht sich von selbst. Sie könnten
eines so häßlichen Streiches fähig sein, daß Sie mich
nun nicht wollten? Wissen Sie, daß ich auf Zeit meines
Lebens beschimpft wäre? Meine Landsmänninnen würden mit Fingern auf mich weisen. – „Das ist sie",
würde es heißen, „das ist das Fräulein von Barnhelm,
die sich einbildete, weil sie reich sei, den wackern Tellheim zu bekommen: als ob die wackern Männer für
Geld zu haben wären!" So würde es heißen: denn
meine Landsmänninnen sind alle neidisch auf mich.
Daß ich reich bin, können sie nicht leugnen; aber davon wollen sie nichts wissen, daß ich auch sonst noch
ein ziemlich gutes Mädchen bin, das seines Mannes
wert ist. Nicht wahr, Tellheim?
v. T e l l h e i m. Ja, ja, gnädiges Fräulein, daran erkenne
ich Ihre Landsmänninnen. Sie werden Ihnen einen abgedankten, an seiner Ehre gekränkten Offizier, einen
Krüppel, einen Bettler, trefflich beneiden.
D a s F r ä u l e i n. Und das alles wären Sie? Ich hörte
so was, wenn ich mich nicht irre, schon heute vormit-
tage. Da ist Böses und Gutes untereinander. Lassen
Sie uns doch jedes näher beleuchten. – Verabschiedet

sind Sie? So höre ich. Ich glaubte, Ihr Regiment sei
bloß untergesteckt worden. Wie ist es gekommen, daß
man einen Mann von Ihren Verdiensten nicht bei-
behalten?

v. T e l l h e i m. Es ist gekommen, wie es kommen müssen. Die Großen haben sich überzeugt, daß ein Soldat
aus Neigung für sie ganz wenig, aus Pflicht nicht viel
mehr, aber alles seiner eignen Ehre wegen tut. Was
können sie ihm also schuldig zu sein glauben? Der
Friede hat ihnen mehrere meinesgleichen entbehrlich
gemacht, und am Ende ist ihnen niemand unentbehrlich.

D a s   F r ä u l e i n. Sie sprechen, wie ein Mann sprechen
muß, dem die Großen hinwiederum sehr entbehrlich
sind. Und niemals waren sie es mehr als jetzt. Ich sage
den Großen meinen großen Dank, daß sie ihre Ansprüche auf einen Mann haben fahren lassen, den ich
doch nur sehr ungern mit ihnen geteilet hätte. – Ich
bin Ihre Gebieterin, Tellheim; Sie brauchen weiter
keinen Herrn. – Sie verabschiedet zu finden, das Glück
hätte ich mir kaum träumen lassen! – Doch Sie sind
nicht bloß verabschiedet: Sie sind noch mehr. Was sind
Sie noch mehr? Ein Krüppel: sagten Sie? Nun *(indem
sie ihn von oben bis unten betrachtet)*, der Krüppel ist
doch noch ziemlich ganz und gerade; scheinet doch
noch ziemlich gesund und stark. – Lieber Tellheim,
wenn Sie auf den Verlust Ihrer gesunden Gliedmaßen
betteln zu gehen denken: so prophezeie ich Ihnen voraus, daß Sie vor den wenigsten Türen etwas bekommen werden; ausgenommen vor den Türen der gut-
herzigen Mädchen wie ich.

v. T e l l h e i m. Jetzt höre ich nur das mutwillige Mädchen, liebe Minna.

D a s   F r ä u l e i n. Und ich höre in Ihrem Verweise nur
das Liebe Minna – Ich will nicht mehr mutwillig sein.
Denn ich besinne mich, daß Sie allerdings ein kleiner
Krüppel sind. Ein Schuß hat Ihnen den rechten Arm
ein wenig gelähmt. – Doch alles wohl überlegt: so ist
auch das so schlimm nicht. Um soviel sicherer bin ich
vor Ihren Schlägen.

v. T e l l h e i m. Fräulein!

D a s F r ä u l e i n. Sie wollen sagen: Aber Sie um soviel weniger vor meinen. Nun, nun, lieber Tellheim, ich hoffe, Sie werden es nicht dazu kommen lassen.

5 v. T e l l h e i m. Sie wollen lachen, mein Fräulein. Ich beklage nur, daß ich nicht mitlachen kann.

D a s F r ä u l e i n. Warum nicht? Was haben Sie denn gegen das Lachen? Kann man denn auch nicht lachend sehr ernsthaft sein? Lieber Major, das Lachen erhält
10 uns vernünftiger als der Verdruß. Der Beweis liegt vor uns. Ihre lachende Freundin beurteilt Ihre Umstände weit richtiger als Sie selbst. Weil Sie verabschiedet sind, nennen Sie sich an Ihrer Ehre gekränkt; weil Sie einen Schuß in dem Arme haben, machen Sie sich zu
15 einem Krüppel. Ist das so recht? Ist das keine Übertreibung? Und ist es meine Einrichtung, daß alle Übertreibungen des Lächerlichen so fähig sind? Ich wette, wenn ich Ihren Bettler nun vornehme, daß auch dieser ebensowenig Stich halten wird. Sie werden einmal,
20 zweimal, dreimal Ihre Equipage verloren haben; bei dem oder jenem Bankier werden einige Kapitale jetzt mitschwinden; Sie werden diesen und jenen Vorschuß, den Sie im Dienste getan, keine Hoffnung haben wiederzuerhalten: aber sind Sie darum ein Bettler? Wenn
25 Ihnen auch nichts übriggeblieben ist, als was mein Oheim für Sie mitbringt –

v. T e l l h e i m. Ihr Oheim, gnädiges Fräulein, wird für mich nichts mitbringen.

D a s F r ä u l e i n. Nichts als die zweitausend Pistolen,
30 die Sie unsern Ständen so großmütig vorschossen.

v. T e l l h e i m. Hätten Sie doch nur meinen Brief gelesen, gnädiges Fräulein!

D a s F r ä u l e i n. Nun ja, ich habe ihn gelesen. Aber was ich über diesen Punkt darin gelesen, ist mir ein
35 wahres Rätsel. Unmöglich kann man Ihnen aus einer edlen Handlung ein Verbrechen machen wollen. – Erklären Sie mir doch, lieber Major –

v. T e l l h e i m. Sie erinnern sich, gnädiges Fräulein, daß ich Ordre hatte, in den Ämtern Ihrer Gegend die Kon-
40 tribution mit der äußersten Strenge bar beizutreiben.

Ich wollte mir diese Strenge ersparen und schoß die
fehlende Summe selbst vor. –

Das Fräulein. Jawohl erinnere ich mich. – Ich liebte
Sie um dieser Tat willen, ohne Sie noch gesehen zu
haben.

v. Tellheim. Die Stände gaben mir ihren Wechsel,
und diesen wollte ich bei Zeichnung des Friedens unter
die zu ratihabierende Schulden eintragen lassen. Der
Wechsel ward für gültig erkannt, aber mir ward das
Eigentum desselben streitig gemacht. Man zog spöt-
tisch das Maul, als ich versicherte, die Valute bar her-
gegeben zu haben. Man erklärte ihn für eine Beste-
chung, für das Gratial der Stände, weil ich so bald mit
ihnen auf die niedrigste Summe einig geworden war,
mit der ich mich nur im äußersten Notfalle zu begnü-
gen Vollmacht hatte. So kam der Wechsel aus meinen
Händen, und wenn er bezahlt wird, wird er sicherlich
nicht an mich bezahlt. – Hierdurch, mein Fräulein,
halte ich meine Ehre für gekränkt; nicht durch den
Abschied, den ich gefordert haben würde, wenn ich ihn
nicht bekommen hätte. – Sie sind ernsthaft, mein
Fräulein? Warum lachen Sie nicht? Ha, ha, ha! Ich
lache ja.

Das Fräulein. Oh, ersticken Sie dieses Lachen, Tellheim! Ich beschwöre Sie! Es ist das schreckliche Lachen
des Menschenhasses! Nein, Sie sind der Mann nicht,
den eine gute Tat reuen kann, weil sie üble Folgen für
ihn hat. Nein, unmöglich können diese üble Folgen
dauern! Die Wahrheit muß an den Tag kommen. Das
Zeugnis meines Oheims, aller unsrer Stände –

v. Tellheim. Ihres Oheims! Ihrer Stände! Ha, ha,
ha!

Das Fräulein. Ihr Lachen tötet mich, Tellheim!
Wenn Sie an Tugend und Vorsicht glauben, Tellheim,
so lachen Sie so nicht! Ich habe nie fürchterlicher flu-
chen hören, als Sie lachen. – Und lassen Sie uns das
Schlimmste setzen! Wenn man Sie hier durchaus ver-
kennen will: so kann man Sie bei uns nicht verkennen.
Nein, wir können, wir werden Sie nicht verkennen,
Tellheim. Und wenn unsere Stände die geringste Emp-

findung von Ehre haben, so weiß ich, was sie tun müssen. Doch ich bin nicht klug: was wäre das nötig? Bilden Sie sich ein, Tellheim, Sie hätten die zweitausend Pistolen an einem wilden Abende verloren. Der König war eine unglückliche Karte für Sie: die Dame *(auf sich weisend)* wird Ihnen desto günstiger sein. – Die Vorsicht, glauben Sie mir, hält den ehrlichen Mann immer schadlos; und öfters schon im voraus. Die Tat, die Sie einmal um zweitausend Pistolen bringen sollte, erwarb mich Ihnen. Ohne diese Tat würde ich nie begierig gewesen sein, Sie kennenzulernen. Sie wissen, ich kam uneingeladen in die erste Gesellschaft, wo ich Sie zu finden glaubte. Ich kam bloß Ihrentwegen. Ich kam in dem festen Vorsatze, Sie zu lieben – ich liebte Sie schon! – in dem festen Vorsatze, Sie zu besitzen, wenn ich Sie auch so schwarz und häßlich finden sollte als den Mohr von Venedig. Sie sind so schwarz und häßlich nicht; auch so eifersüchtig werden Sie nicht sein. Aber Tellheim, Tellheim, Sie haben doch noch viel Ähnliches mit ihm! Oh, über die wilden, unbiegsamen Männer, die nur immer ihr stieres Auge auf das Gespenst der Ehre heften! für alles andere Gefühl sich verhärten! – Hierher Ihr Auge! auf mich, Tellheim! *(Der indes vertieft und unbeweglich mit starren Augen immer auf eine Stelle gesehen.)* Woran denken Sie? Sie hören mich nicht?

v. T e l l h e i m *(zerstreut).* O ja! Aber sagen Sie mir doch, mein Fräulein: wie kam der Mohr in venetianische Dienste? Hatte der Mohr kein Vaterland? Warum vermietete er seinen Arm und sein Blut einem fremden Staate? –

D a s   F r ä u l e i n *(erschrocken).* Wo sind Sie, Tellheim? – Nun ist es Zeit, daß wir abbrechen. – Kommen Sie! *(Indem sie bei der Hand ergreift.)* – Franziska, laß den Wagen vorfahren.

v. T e l l h e i m *(der sich von dem Fräulein losreißt und der Franziska nachgeht).* Nein, Franziska, ich kann nicht die Ehre haben, das Fräulein zu begleiten. – Mein Fräulein, lassen Sie mir noch heute meinen gesunden Verstand, und beurlauben Sie mich. Sie sind auf

dem besten Wege, mich darum zu bringen. Ich stemme
mich, soviel ich kann. – Aber weil ich noch bei Verstande bin: so hören Sie, mein Fräulein, was ich fest beschlossen habe, wovon mich nichts in der Welt abbrin-
gen soll. – Wenn nicht noch ein glücklicher Wurf für   5
mich im Spiele ist, wenn sich das Blatt nicht völlig
wendet, wenn –

D a s F r ä u l e i n. Ich muß Ihnen ins Wort fallen, Herr
Major. – Das hätten wir ihm gleich sagen sollen, Franziska. Du erinnerst mich auch an gar nichts. – Unser   10
Gespräch würde ganz anders gefallen sein, Tellheim,
wenn ich mit der guten Nachricht angefangen hätte,
die Ihnen der Chevalier de la Marlinière nur eben zu
bringen kam.

v. T e l l h e i m. Der Chevalier de la Marlinière? Wer   15
ist das?

F r a n z i s k a. Es mag ein ganz guter Mann sein, Herr
Major, bis auf –

D a s F r ä u l e i n. Schweig, Franziska! – Gleichfalls ein
verabschiedeter Offizier, der aus holländischen Dien-   20
sten –

v. T e l l h e i m. Ha! der Leutnant Riccaut!

D a s F r ä u l e i n. Er versicherte, daß er Ihr Freund sei.

v. T e l l h e i m. Ich versichere, daß ich seiner nicht bin.

D a s F r ä u l e i n. Und daß ihm, ich weiß nicht welcher   25
Minister, vertrauet habe, Ihre Sache sei dem glücklich-
sten Ausgange nahe. Es müsse ein königliches Handschreiben an Sie unterwegens sein –

v. T e l l h e i m. Wie kämen Riccaut und ein Minister
zusammen? – Etwas zwar muß in meiner Sache ge-   30
schehen sein. Denn nur jetzt erklärte mir der Kriegszahlmeister, daß der König alles niedergeschlagen
habe, was wider mich urgieret worden, und daß ich
mein schriftlich gegebenes Ehrenwort, nicht eher von
hier zu gehen, als bis man mich völlig entladen habe,   35
wieder zurücknehmen könne. – Das wird es aber auch
alles sein. Man wird mich wollen laufen lassen. Allein
man irrt sich; ich werde nicht laufen. Eher soll mich
hier das äußerste Elend vor den Augen meiner Verleumder verzehren –   40

Das Fräulein. Hartnäckiger Mann!

v. Tellheim. Ich brauche keine Gnade, ich will Gerechtigkeit. Meine Ehre –

Das Fräulein. Die Ehre eines Mannes wie Sie –

v. Tellheim *(hitzig)*. Nein, mein Fräulein, Sie werden von allen Dingen recht gut urteilen können, nur hierüber nicht. Die Ehre ist nicht die Stimme unsers Gewissen, nicht das Zeugnis weniger Rechtschaffnen – –

Das Fräulein. Nein, nein, ich weiß wohl. – Die Ehre ist – die Ehre.

v. Tellheim. Kurz, mein Fräulein – Sie haben mich nicht ausreden lassen. – Ich wollte sagen: wenn man mir das Meinige so schimpflich vorenthält, wenn meiner Ehre nicht die vollkommenste Genugtuung geschieht, so kann ich, mein Fräulein, der Ihrige nicht sein. Denn ich bin es in den Augen der Welt nicht wert zu sein. Das Fräulein von Barnhelm verdienet einen unbescholtenen Mann. Es ist eine nichtswürdige Liebe, die kein Bedenken trägt, ihren Gegenstand der Verachtung auszusetzen. Es ist ein nichtswürdiger Mann, der sich nicht schämet, sein ganzes Glück einem Frauenzimmer zu verdanken, dessen blinde Zärtlichkeit –

Das Fräulein. Und das ist Ihr Ernst, Herr Major? – *(Indem sie ihm plötzlich den Rücken wendet.)* Franziska!

v. Tellheim. Werden Sie nicht ungehalten, mein Fräulein –

Das Fräulein *(beiseite zur Franziska)*. Jetzt wäre es Zeit! Was rätst du mir, Franziska? –

Franziska. Ich rate nichts. Aber freilich macht er es Ihnen ein wenig zu bunt. –

v. Tellheim *(der sie zu unterbrechen kömmt)*. Sie sind ungehalten, mein Fräulein –

Das Fräulein *(höhnisch)*. Ich? im geringsten nicht.

v. Tellheim. Wenn ich Sie weniger liebte, mein Fräulein –

Das Fräulein *(noch in diesem Tone)*. O gewiß, es wäre mein Unglück! – Und sehen Sie, Herr Major, ich will Ihr Unglück auch nicht. – Man muß ganz uneigennützig lieben. – Ebensogut, daß ich nicht offenherziger

gewesen bin! Vielleicht würde mir Ihr Mitleid ge-
währet haben, was mir Ihre Liebe versagt. – *(Indem
sie den Ring langsam vom Finger zieht.)*
v. T e l l h e i m. Was meinen Sie damit, Fräulein?
D a s F r ä u l e i n. Nein, keines muß das andere weder 5
glücklicher noch unglücklicher machen. So will es die
wahre Liebe! Ich glaube Ihnen, Herr Major; und Sie
haben zuviel Ehre, als daß Sie die Liebe verkennen
sollten.
v. T e l l h e i m. Spotten Sie, mein Fräulein? 10
D a s F r ä u l e i n. Hier! Nehmen Sie den Ring wieder
zurück, mit dem Sie mir Ihre Treue verpflichtet. *(Über-
reicht ihm den Ring.)* Es sei drum! Wir wollen einander nicht gekannt haben!
v. T e l l h e i m. Was höre ich? 15
D a s F r ä u l e i n. Und das befremdet Sie? – Nehmen
Sie, mein Herr. – Sie haben sich doch wohl nicht bloß
geziert?
v. T e l l h e i m *(indem er den Ring aus ihrer Hand
nimmt).* Gott! So kann Minna sprechen! – 20
D a s F r ä u l e i n. Sie können der Meinige in *einem*
Falle nicht sein: ich kann die Ihrige in *keinem* sein.
Ihr Unglück ist wahrscheinlich; meines ist gewiß. – Leben
Sie wohl! *(Will fort.)*
v. T e l l h e i m. Wohin, liebste Minna? 25
D a s F r ä u l e i n. Mein Herr, Sie beschimpfen mich
jetzt mit dieser vertraulichen Benennung.
v. T e l l h e i m. Was ist Ihnen, mein Fräulein? Wohin?
D a s F r ä u l e i n. Lassen Sie mich. – Meine Tränen
vor Ihnen zu verbergen, Verräter! *(Geht ab.)* 30

SIEBENTER AUFTRITT

v. Tellheim. Franziska.

v. T e l l h e i m. Ihre Tränen? Und ich sollte sie lassen?
(Will ihr nach.)
F r a n z i s k a *(die ihn zurückhält).* Nicht doch, Herr 35
Major! Sie werden ihr ja nicht in ihr Schlafzimmer
folgen wollen?

v. T e l l h e i m. Ihr Unglück? Sprach sie nicht von Unglück?

F r a n z i s k a. Nun freilich, das Unglück, Sie zu verlieren, nachdem –

5 v. T e l l h e i m. Nachdem? was nachdem? Hierhinter
steckt mehr. Was ist es, Franziska? Rede, sprich –

F r a n z i s k a. Nachdem sie, wollte ich sagen – Ihnen
so vieles aufgeopfert.

v. T e l l h e i m. Mir aufgeopfert?

10 F r a n z i s k a. Hören Sie nur kurz. – Es ist für Sie recht
gut, Herr Major, daß Sie auf diese Art von ihr los-
gekommen sind. – Warum soll ich es Ihnen nicht sagen?
Es kann doch länger kein Geheimnis bleiben. – Wir
sind entflohen! – Der Graf von Bruchsall hat das Fräu-
15 lein enterbt, weil sie keinen Mann von seiner Hand
annehmen wollte. Alles verließ, alles verachtete sie
hierauf. Was sollten wir tun? Wir entschlossen uns,
denjenigen aufzusuchen, dem wir –

v. T e l l h e i m. Ich habe genug! – Komm, ich muß mich
20 zu ihren Füßen werfen.

F r a n z i s k a. Was denken Sie? Gehen Sie vielmehr und
danken Ihrem guten Geschicke –

v. T e l l h e i m. Elende! für wen hältst du mich? – Nein,
liebe Franziska, der Rat kam nicht aus deinem Her-
25 zen. Vergib meinem Unwillen!

F r a n z i s k a. Halten Sie mich nicht länger auf. Ich
muß sehen, was sie macht. Wie leicht könnte ihr etwas
zugestoßen sein. – Gehen Sie! Kommen Sie lieber wieder, wenn Sie wiederkommen wollen. *(Geht dem Fräu-*
30 *lein nach.)*

ACHTER AUFTRITT

v. Tellheim.

Aber, Franziska! – Oh, ich erwarte euch hier! – Nein,
das ist dringender! – Wenn sie Ernst sieht, kann mir
35 ihre Vergebung nicht entstehen. – Nun brauch ich dich,
ehrlicher Werner! – Nein, Minna, ich bin kein Verräter! *(Eilends ab.)*

FÜNFTER AUFZUG

ERSTER AUFTRITT

Die Szene: Der Saal.

v. Tellheim von der einen und Werner von der andern Seite.

v. T e l l h e i m. Ha, Werner! ich suche dich überall. Wo steckst du?

W e r n e r. Und ich habe Sie gesucht, Herr Major; so geht's mit dem Suchen. – Ich bringe Ihnen gar eine gute Nachricht.

v. T e l l h e i m. Ah, ich brauche jetzt nicht deine Nachrichten: ich brauche dein Geld. Geschwind, Werner, gib mir, soviel du hast; und denn suche so viel aufzubringen, als du kannst.

W e r n e r. Herr Major? – Nun, bei meiner armen Seele, habe ich's doch gesagt: er wird Geld von mir borgen, wenn er selber welches zu verleihen hat.

v. T e l l h e i m. Du suchst doch nicht Ausflüchte?

W e r n e r. Damit ich ihm nichts vorzuwerfen habe, so nimmt er mir's mit der Rechten und gibt mir's mit der Linken wieder.

v. T e l l h e i m. Halte mich nicht auf, Werner! – Ich habe den guten Willen, dir es wiederzugeben, aber wenn und wie? – Das weiß Gott!

W e r n e r. Sie wissen es also noch nicht, daß die Hofstaatskasse Ordre hat, Ihnen Ihre Gelder zu bezahlen? Eben erfuhr ich es bei –

v. T e l l h e i m. Was plauderst du? Was lässest du dir weismachen? Begreifst du denn nicht, daß, wenn es wahr wäre, ich es doch wohl am ersten wissen müßte? – Kurz, Werner, Geld! Geld!

W e r n e r. Je nu, mit Freuden! hier ist was! – Das sind

die hundert Louisdor und das die hundert Dukaten. –
(Gibt ihm beides.)
v. T e l l h e i m. Die hundert Louisdor, Werner, geh und
bringe Justen. Er soll sogleich den Ring wieder ein-
lösen, den er heute früh versetzt hat. – Aber wo wirst
du mehr hernehmen, Werner? – Ich brauche weit mehr.
W e r n e r. Dafür lassen Sie mich sorgen. – Der Mann,
der mein Gut gekauft hat, wohnt in der Stadt. Der
Zahlungstermin wäre zwar erst in vierzehn Tagen,
aber das Geld liegt parat, und ein halb Prozentchen
Abzug –
v. T e l l h e i m. Nun ja, lieber Werner! – Siehst du, daß
ich meine einzige Zuflucht zu dir nehme? – Ich muß
dir auch alles vertrauen. Das Fräulein hier – du hast
sie gesehn – ist unglücklich –
W e r n e r. O Jammer!
v. T e l l h e i m. Aber morgen ist sie meine Frau –
W e r n e r. O Freude!
v. T e l l h e i m. Und übermorgen geh ich mit ihr fort.
Ich darf fort, ich will fort. Lieber hier alles im Stiche
gelassen! Wer weiß, wo mir sonst ein Glück aufgehoben ist. Wenn du willst, Werner, so komm mit. Wir
wollen wieder Dienste nehmen.
W e r n e r. Wahrhaftig? – Aber doch wo's Krieg gibt,
Herr Major?
v. T e l l h e i m. Wo sonst? – Geh, lieber Werner, wir
sprechen davon weiter.
W e r n e r. O Herzensmajor! – Übermorgen? Warum
nicht lieber morgen? – Ich will schon alles zusammen-
bringen – In Persien, Herr Major, gibt's einen treff-
lichen Krieg; was meinen Sie?
v. T e l l h e i m. Wir wollen das überlegen; geh nur,
Werner! –
W e r n e r. Juchhe! es lebe der Prinz Heraklius! *(Geht
ab.)*

ZWEITER AUFTRITT

v. Tellheim.

Wie ist mir? – Meine ganze Seele hat neue Triebfedern
bekommen. Mein eignes Unglück schlug mich nieder,
machte mich ärgerlich, kurzsichtig, schüchtern, lässig: 5
ihr Unglück hebt mich empor, ich sehe wieder frei um
mich und fühle mich willig und stark, alles für sie zu
unternehmen – Was verweile ich? *(Will nach dem
Zimmer des Fräuleins, aus dem ihm Franziska ent-
gegenkömmt.)*   10

DRITTER AUFTRITT

Franziska. v. Tellheim.

F r a n z i s k a. Sind Sie es doch? – Es war mir, als ob
ich Ihre Stimme hörte. – Was wollen Sie, Herr Major?
v. T e l l h e i m. Was ich will? – Was macht dein Fräu- 15
lein? – Komm! –
F r a n z i s k a. Sie will den Augenblick ausfahren.
v. T e l l h e i m. Und allein? ohne mich? wohin?
F r a n z i s k a. Haben Sie vergessen, Herr Major? –
v. T e l l h e i m. Bist du nicht klug, Franziska? – Ich 20
habe sie gereizt, und ich ward empfindlich: ich werde
sie um Vergebung bitten, und sie wird mir vergeben.
F r a n z i s k a. Wie? – Nachdem Sie den Ring zurückgenommen, Herr Major?
v. T e l l h e i m. Ha! – Das tat ich in der Betäubung. – 25
Jetzt denk ich erst wieder an den Ring. – Wo habe
ich ihn hingesteckt? – *(Er sucht ihn.)* Hier ist er.
F r a n z i s k a. Ist er das? *(Indem er ihn wieder ein-
steckt, beiseite.)* Wenn er ihn doch genauer besehen
wollte!   30
v. T e l l h e i m. Sie drang mir ihn auf mit einer Bitterkeit – Ich habe diese Bitterkeit schon vergessen. Ein
volles Herz kann die Worte nicht wägen. – Aber sie
wird sich auch keinen Augenblick weigern, den Ring
wieder anzunehmen. – Und habe ich nicht noch ihren? 35
F r a n z i s k a. Den erwartet sie dafür zurück. – Wo haben Sie ihn denn, Herr Major? Zeigen Sie mir ihn doch.

v. T e l l h e i m *(etwas verlegen).* Ich habe – ihn anzu-
stecken vergessen. – Just – Just wird mir ihn gleich
nachbringen.

F r a n z i s k a. Es ist wohl einer ziemlich wie der andere;
lassen Sie mich doch diesen sehen; ich sehe so was gar
zu gern.

v. T e l l h e i m. Ein andermal, Franziska. Jetzt komm –

F r a n z i s k a *(beiseite).* Er will sich durchaus nicht aus
seinem Irrtume bringen lassen.

v. T e l l h e i m. Was sagst du? Irrtume?

F r a n z i s k a. Es ist ein Irrtum, sag ich, wenn Sie meinen, daß das Fräulein doch noch eine gute Partie sei.
Ihr eigenes Vermögen ist gar nicht beträchtlich; durch
ein wenig eigennützige Rechnungen können es ihr die
Vormünder völlig zu Wasser machen. Sie erwartete
alles von dem Oheim, aber dieser grausame Oheim –

v. T e l l h e i m. Laß ihn doch! – Bin ich nicht Manns
genug, ihr einmal alles zu ersetzen? –

F r a n z i s k a. Hören Sie? Sie klingelt; ich muß herein.

v. T e l l h e i m. Ich gehe mit dir.

F r a n z i s k a. Um des Himmels willen nicht! Sie hat
mir ausdrücklich verboten, mit Ihnen zu sprechen.
Kommen Sie wenigstens mir erst nach. – *(Geht herein.)*

VIERTER AUFTRITT

v. Tellheim ihr nachrufend.

Melde mich ihr! – Sprich für mich, Franziska! – Ich
folge dir sogleich! – Was werde ich ihr sagen? – Wo
das Herz reden darf, braucht es keiner Vorbereitung. –
Das einzige möchte eine studierte Wendung bedürfen:
ihre Zurückhaltung, ihre Bedenklichkeit, sich als unglücklich in meine Arme zu werfen; ihre Beflissenheit,
mir ein Glück vorzuspiegeln, das sie durch mich verloren hat. Dieses Mißtrauen in meine Ehre, in ihren
eigenen Wert vor ihr selbst zu entschuldigen, vor ihr
selbst – Vor mir ist es schon entschuldiget! – Ha! hier
kömmt sie. –

FÜNFTER AUFTRITT

Das Fräulein. Franziska. v. Tellheim.

D a s   F r ä u l e i n *(im Heraustreten, als ob sie den Major nicht gewahr würde).* Der Wagen ist doch vor der Türe, Franziska? – Meinen Fächer!   5
v. T e l l h e i m *(auf sie zu).* Wohin, mein Fräulein?
D a s   F r ä u l e i n *(mit einer affektierten Kälte).* Aus, Herr Major. – Ich errate, warum Sie sich nochmals her-bemühet haben: mir auch meinen Ring wieder zurück-zugeben. – Wohl, Herr Major; haben Sie nur die Güte, 10 ihn der Franziska einzuhändigen. – Franziska, nimm dem Herrn Major den Ring ab! – Ich habe keine Zeit zu verlieren. *(Will fort.)*
v. T e l l h e i m *(der ihr vortritt).* Mein Fräulein! – Ah, was habe ich erfahren, mein Fräulein! Ich war so vieler 15 Liebe nicht wert.
D a s   F r ä u l e i n. So, Franziska? Du hast dem Herrn Major –
F r a n z i s k a. Alles entdeckt.
v. T e l l h e i m. Zürnen Sie nicht auf mich, mein Fräu- 20 lein. Ich bin kein Verräter. Sie haben um mich in den Augen der Welt viel verloren, aber nicht in den meinen. In meinen Augen haben Sie unendlich durch diesen Verlust gewonnen. Er war Ihnen noch zu neu; Sie fürchteten, er möchte einen allzu nachteiligen Eindruck 25 auf mich machen; Sie wollten mir ihn vors erste ver-bergen. Ich beschwere mich nicht über dieses Mißtrauen. Es entsprang aus dem Verlangen, mich zu erhalten. Dieses Verlangen ist mein Stolz! Sie fanden mich selbst unglücklich; und Sie wollten Unglück nicht mit Un- 30 glück häufen. Sie konnten nicht vermuten, wie sehr mich Ihr Unglück über das meinige hinaussetzen würde.
D a s   F r ä u l e i n. Alles recht gut, Herr Major! Aber es ist nun einmal geschehen. Ich habe Sie Ihrer Verbind- 35 lichkeit erlassen; Sie haben durch Zurücknehmung des Ringes –
v. T e l l h e i m. In nichts gewilliget! – Vielmehr halte ich mich jetzt für gebundener als jemals. – Sie sind die

Meinige, Minna, auf ewig die Meinige. *(Zieht den Ring heraus.)* Hier, empfangen Sie es zum zweiten Male, das Unterpfand meiner Treue –

Das Fräulein. Ich diesen Ring wiedernehmen? die-
5 sen Ring?

v. Tellheim. Ja, liebste Minna, ja!

Das Fräulein. Was muten Sie mir zu? diesen Ring?

v. Tellheim. Diesen Ring nahmen Sie das erstemal
aus meiner Hand, als unser beider Umstände einander
10 gleich und glücklich waren. Sie sind nicht mehr glücklich, aber wiederum einander gleich. Gleichheit ist immer das festeste Band der Liebe. – Erlauben Sie, liebste
Minna! – *(Ergreift ihre Hand, um ihr den Ring an-
zustecken.)*

15 Das Fräulein. Wie? mit Gewalt, Herr Major? –
Nein, da ist keine Gewalt in der Welt, die mich zwingen soll, diesen Ring wieder anzunehmen! – – Meinen
Sie etwa, daß mir an einem Ringe fehlt? – Oh, Sie sehen ja wohl *(auf ihren Ring zeigend),* daß ich hier noch
20 einen habe, der Ihrem nicht das geringste nachgibt? –

Franziska. Wenn er es noch nicht merkt! –

v. Tellheim *(indem er die Hand des Fräuleins fahren läßt).* Was ist das? – Ich sehe das Fräulein von
Barnhelm, aber ich höre es nicht. – Sie zieren sich, mein
25 Fräulein. – Vergeben Sie, daß ich Ihnen dieses Wort
nachbrauche.

Das Fräulein *(in ihrem wahren Tone).* Hat Sie dieses Wort beleidiget, Herr Major?

v. Tellheim. Es hat mir weh getan.

30 Das Fräulein *(gerührt).* Das sollte es nicht, Tellheim. – Verzeihen Sie mir, Tellheim.

v. Tellheim. Ha, dieser vertrauliche Ton sagt mir,
daß Sie wieder zu sich kommen, mein Fräulein, daß
Sie mich noch lieben, Minna. –

35 Franziska *(herausplatzend).* Bald wäre der Spaß
auch zu weit gegangen. –

Das Fräulein *(gebieterisch).* Ohne dich in unser
Spiel zu mengen, Franziska, wenn ich bitten darf!

Franziska *(beiseite und betroffen).* Noch nicht
40 genug?

Das Fräulein. Ja, mein Herr, es wäre weibliche
Eitelkeit, mich kalt und höhnisch zu stellen. Weg damit! Sie verdienen es, mich ebenso wahrhaft zu finden,
als Sie selbst sind. – Ich liebe Sie noch, Tellheim, ich
liebe Sie noch, aber demohngeachtet –   5

v. Tellheim. Nicht weiter, liebste Minna, nicht weiter! *(Ergreift ihre Hand nochmals, ihr den Ring anzu-
stecken.)*

Das Fräulein *(die ihre Hand zurückzieht)*. Demohngeachtet – um so viel mehr werde ich dieses nim-   10
mermehr geschehen lassen; nimmermehr! – Wo denken
Sie hin, Herr Major? – Ich meinte, Sie hätten an Ihrem
eigenen Unglücke genug. – Sie müssen hierbleiben; Sie
müssen sich die allervollständigste Genugtuung – ertrotzen. Ich weiß in der Geschwindigkeit kein ander   15
Wort. – Ertrotzen – und sollte Sie auch das äußerste
Elend, vor den Augen Ihrer Verleumder, darüber verzehren!

v. Tellheim. So dacht' ich, so sprach ich, als ich nicht
wußte, was ich dachte und sprach. Ärgernis und ver-   20
bissene Wut hatten meine ganze Seele umnebelt; die
Liebe selbst in dem vollesten Glanze des Glückes konnte
sich darin nicht Tag schaffen. Aber sie sendet ihre
Tochter, das Mitleid, die, mit dem finstern Schmerze
vertrauter, die Nebel zerstreuet und alle Zugänge mei-   25
ner Seele den Eindrücken der Zärtlichkeit wiederum
öffnet. Der Trieb der Selbsterhaltung erwacht, da ich
etwas Kostbarers zu erhalten habe als mich und es
durch mich zu erhalten habe. Lassen Sie mich, mein
Fräulein, das Wort Mitleid nicht beleidigen. Von der   30
unschuldigen Ursache unsers Unglücks können wir es
ohne Erniedrigung hören. Ich bin diese Ursache; durch
mich, Minna, verlieren Sie Freunde und Anverwandte,
Vermögen und Vaterland. Durch mich, in mir müssen
Sie alles dieses wiederfinden, oder ich habe das Ver-   35
derben der Liebenswürdigsten Ihres Geschlechts auf
meiner Seele. Lassen Sie mich keine Zukunft denken,
wo ich mich selbst hassen müßte. – Nein, nichts soll
mich hier länger halten. Von diesem Augenblicke an
will ich dem Unrechte, das mir hier widerfährt, nichts   40

als Verachtung entgegensetzen. Ist dieses Land die
Welt? Geht hier allein die Sonne auf? Wo darf ich
nicht hinkommen? Welche Dienste wird man mir ver-
weigern? Und müßte ich sie unter dem entferntesten
Himmel suchen: folgen Sie mir nur getrost, liebste
Minna; es soll uns an nichts fehlen. – Ich habe einen
Freund, der mich gern unterstützet.

SECHSTER AUFTRITT

Ein Feldjäger. v. Tellheim. Das Fräulein. Franziska.

F r a n z i s k a *(indem sie den Feldjäger gewahr wird).*
St! Herr Major –

v. T e l l h e i m *(gegen den Feldjäger).* Zu wem wollen
Sie?

D e r F e l d j ä g e r. Ich suche den Herrn Major von
Tellheim. – Ah, Sie sind es ja selbst. Mein Herr Major,
dieses königliche Handschreiben *(das er aus seiner
Brieftasche nimmt)* habe ich an Sie zu übergeben.

v. T e l l h e i m. An mich?

D e r F e l d j ä g e r. Zufolge der Aufschrift –

D a s F r ä u l e i n. Franziska, hörst du? – Der Chevalier hat doch wahr geredet!

D e r F e l d j ä g e r *(indem Tellheim den Brief nimmt).*
Ich bitte um Verzeihung, Herr Major; Sie hätten es
bereits gestern erhalten sollen, aber es ist mir nicht
möglich gewesen, Sie auszufragen. Erst heute auf der
Parade habe ich Ihre Wohnung von dem Leutnant
Riccaut erfahren.

F r a n z i s k a. Gnädiges Fräulein, hören Sie? – Das ist
des Chevaliers Minister. – „Wie heißen der Minister
da drauß auf die breite Platz?" –

v. T e l l h e i m. Ich bin Ihnen für Ihre Mühe sehr verbunden.

D e r F e l d j ä g e r. Es ist meine Schuldigkeit, Herr
Major. *(Geht ab.)*

SIEBENTER AUFTRITT

v. Tellheim. Das Fräulein. Franziska.

v. T e l l h e i m. Ah, mein Fräulein, was habe ich hier?
Was enthält dieses Schreiben?

D a s   F r ä u l e i n. Ich bin nicht befugt, meine Neu- 5
gierde so weit zu erstrecken.

v. T e l l h e i m. Wie? Sie trennen mein Schicksal noch
von dem Ihrigen? – Aber warum steh ich an, es zu
erbrechen? – Es kann mich nicht unglücklicher machen,
als ich bin; nein, liebste Minna, es kann uns nicht un- 10
glücklicher machen – wohl aber glücklicher! – Erlauben
Sie, mein Fräulein! *(Erbricht und lieset den Brief, indes
daß der Wirt an die Szene geschlichen kömmt.)*

ACHTER AUFTRITT

Der Wirt. Die Vorigen.   15

D e r   W i r t *(gegen die Franziska).* Bst! mein schönes
Kind! auf ein Wort!

F r a n z i s k a *(die sich ihm nähert).* Herr Wirt? – Gewiß, wir wissen selbst noch nicht, was in dem Briefe
steht.   20

D e r   W i r t. Wer will vom Briefe wissen? – Ich komme
des Ringes wegen. Das gnädige Fräulein muß mir ihn
gleich wiedergeben. Just ist da, er soll ihn wieder ein-
lösen.

D a s   F r ä u l e i n *(das sich indes gleichfalls dem Wirte* 25
genähert). Sagen Sie Justen nur, daß er schon einge-
löset sei; und sagen Sie ihm nur, von wem; von mir.

D e r   W i r t. Aber –

D a s   F r ä u l e i n. Ich nehme alles auf mich; gehen Sie
doch!   30

(Der Wirt geht ab.)

NEUNTER AUFTRITT

v. Tellheim. Das Fräulein. Franziska.

F r a n z i s k a. Und nun, gnädiges Fräulein, lassen Sie es
mit dem armen Major gut sein.

5 D a s F r ä u l e i n. Oh, über die Vorbitterin! Als ob der
Knoten sich nicht von selbst bald lösen müßte.

v. T e l l h e i m *(nachdem er gelesen, mit der lebhaftesten
Rührung)*. Ha! er hat sich auch hier nicht verleugnet!
– Oh, mein Fräulein, welche Gerechtigkeit! – welche

10 Gnade! – Das ist mehr, als ich erwartet! – Mehr, als
ich verdiene! – Mein Glück, meine Ehre, alles ist wie-
derhergestellt! – Ich träume doch nicht? *(Indem er
wieder in den Brief sieht, als um sich nochmals zu
überzeugen.)* Nein, kein Blendwerk meiner Wünsche!

15 – Lesen Sie selbst, mein Fräulein, lesen Sie selbst!

D a s F r ä u l e i n. Ich bin nicht so unbescheiden, Herr
Major.

v. T e l l h e i m. Unbescheiden? Der Brief ist an mich, an
Ihren Tellheim, Minna. Er enthält – was Ihnen Ihr

20 Oheim nicht nehmen kann. Sie müssen ihn lesen; lesen
Sie doch!

D a s F r ä u l e i n. Wenn Ihnen ein Gefalle damit geschieht, Herr Major – *(Sie nimmt den Brief und lieset.)*
„Mein lieber Major von Tellheim!

25 Ich tue Euch zu wissen, daß der Handel, der mich um
Eure Ehre besorgt machte, sich zu Eurem Vorteil auf-
gekläret hat. Mein Bruder war des nähern davon
unterrichtet, und sein Zeugnis hat Euch für mehr als
unschuldig erkläret. Die Hofstaatskasse hat Ordre,

30 Euch den bewußten Wechsel wieder auszuliefern und
die getanen Vorschüsse zu bezahlen; auch habe ich befohlen, daß alles, was die Feldkriegskassen wider Eure
Rechnungen urgieren, niedergeschlagen werde. Meldet
mir, ob Euch Eure Gesundheit erlaubt, wieder Dienste

35 zu nehmen. Ich möchte nicht gern einen Mann von
Eurer Bravour und Denkungsart entbehren. Ich bin
Euer wohlaffektionierter König" etc.*

v. T e l l h e i m. Nun, was sagen Sie hierzu, mein Fräulein?

Das Fräulein *(indem sie den Brief wieder zusammenschlägt und zurückgibt).* Ich? Nichts.

v. Tellheim. Nichts?

Das Fräulein. Doch ja: daß Ihr König, der ein großer Mann ist, auch wohl ein guter Mann sein mag. – Aber was geht mich das an? Er ist nicht mein König.

v. Tellheim. Und sonst sagen Sie nichts? Nichts in Rücksicht auf uns selbst?

Das Fräulein. Sie treten wieder in seine Dienste; der Herr Major wird Oberstleutnant, Oberster vielleicht. Ich gratuliere von Herzen.

v. Tellheim. Und Sie kennen mich nicht besser? – Nein, da mir das Glück so viel zurückgibt, als genug ist, die Wünsche eines vernünftigen Mannes zu befriedigen, soll es einzig von meiner Minna abhangen, ob ich sonst noch jemanden wieder zugehören soll als ihr. Ihrem Dienste allein sei mein ganzes Leben gewidmet! Die Dienste der Großen sind gefährlich und lohnen der Mühe, des Zwanges, der Erniedrigung nicht, die sie kosten. Minna ist keine von den Eiteln, die in ihren Männern nichts als den Titel und die Ehrenstelle lieben. Sie wird mich um mich selbst lieben; und ich werde um sie die ganze Welt vergessen. Ich ward Soldat aus Parteilichkeit, ich weiß selbst nicht für welche politische Grundsätze, und aus der Grille, daß es für jeden ehrlichen Mann gut sei, sich in diesem Stande eine Zeitlang zu versuchen, um sich mit allem, was Gefahr heißt, vertraulich zu machen und Kälte und Entschlossenheit zu lernen. Nur die äußerste Not hätte mich zwingen können, aus diesem Versuche eine Bestimmung, aus dieser gelegentlichen Beschäftigung ein Handwerk zu machen. Aber nun, da mich nichts mehr zwingt, nun ist mein ganzer Ehrgeiz wiederum einzig und allein, ein ruhiger und zufriedener Mensch zu sein. Der werde ich mit Ihnen, liebste Minna, unfehlbar werden; der werde ich in Ihrer Gesellschaft unveränderlich bleiben. – Morgen verbinde uns das heiligste Band; und sodann wollen wir um uns sehen und wollen in der ganzen weiten bewohnten Welt den stillsten, heitersten, lachendsten Winkel suchen, dem zum Para-

diese nichts fehlt als ein glückliches Paar. Da wollen
wir wohnen; da soll jeder unserer Tage – Was ist
Ihnen, mein Fräulein? *(Die sich unruhig hin und her
wendet und ihre Rührung zu verbergen sucht.)*

5 D a s F r ä u l e i n *(sich fassend)*. Sie sind sehr grausam,
Tellheim, mir ein Glück so reizend darzustellen, dem
ich entsagen muß. Mein Verlust –

v. T e l l h e i m. Ihr Verlust? – Was nennen Sie Ihren
Verlust? Alles, was Minna verlieren konnte, ist nicht
10 Minna. Sie sind noch das süßeste, lieblichste, holdselig-
ste, beste Geschöpf unter der Sonne, ganz Güte und
Großmut, ganz Unschuld und Freude! – Dann und
wann ein kleiner Mutwille; hier und da ein wenig Eigen-
sinn – Desto besser! desto besser! Minna wäre sonst ein
15 Engel, den ich mit Schaudern verehren müßte, den ich
nicht lieben könnte. *(Ergreift ihre Hand, sie zu küssen.)*
D a s F r ä u l e i n *(die ihre Hand zurückzieht)*. Nicht
so, mein Herr! – Wie auf einmal so verändert? – Ist
dieser schmeichelnde, stürmische Liebhaber der kalte
20 Tellheim? – Konnte nur sein wiederkehrendes Glück
ihn in dieses Feuer setzen? – Er erlaube mir, daß ich
bei seiner fliegenden Hitze für uns beide Überlegung
behalte. – Als er selbst überlegen konnte, hörte ich ihn
sagen, es sei eine nichtswürdige Liebe, die kein Beden-
25 ken trage, ihren Gegenstand der Verachtung auszusetzen. – Recht, aber ich bestrebe mich einer ebenso reinen
und edeln Liebe als er. – Jetzt, da ihn die Ehre ruft, da
sich ein großer Monarch um ihn bewirbt, sollte ich zugeben, daß er sich verliebten Träumereien mit mir
30 überließe? daß der ruhmvolle Krieger in einen tän-
delnden Schäfer ausarte? – Nein, Herr Major, folgen
Sie dem Wink Ihres bessern Schicksals –

v. T e l l h e i m. Nun wohl! Wenn Ihnen die große Welt
reizender ist, Minna – wohl! so behalte uns die große
35 Welt! – Wie klein, wie armselig ist diese große Welt! –
Sie kennen sie nur erst von ihrer Flitterseite. Aber
gewiß, Minna, Sie werden – Es sei! Bis dahin, wohl!
Es soll Ihren Vollkommenheiten nicht an Bewundrern
fehlen, und meinem Glücke wird es nicht an Neidern
40 gebrechen.

D a s F r ä u l e i n. Nein, Tellheim, so ist es nicht ge-
meint! Ich weise Sie in die große Welt, auf die Bahn
der Ehre zurück, ohne Ihnen dahin folgen zu wollen.
– Dort braucht Tellheim eine unbescholtene Gattin!
Ein sächsisches verlaufenes Fräulein, das sich ihm an
den Kopf geworfen –   5

v. T e l l h e i m *(auffahrend und wild um sich sehend).*
Wer darf so sprechen? – Ah, Minna, ich erschrecke vor
mir selbst, wenn ich mir vorstelle, daß jemand anders
dieses gesagt hätte als Sie. Meine Wut gegen ihn würde 10
ohne Grenzen sein.

D a s F r ä u l e i n. Nun da! Das eben besorge ich. Sie
würden nicht die geringste Spötterei über mich dulden,
und doch würden Sie täglich die bittersten einzuneh-
men haben. – Kurz, hören Sie also, Tellheim, was ich 15
fest beschlossen, wovon mich nichts in der Welt ab-
bringen soll –

v. T e l l h e i m. Ehe Sie ausreden, Fräulein – ich be-
schwöre Sie, Minna! – überlegen Sie es noch einen
Augenblick, daß Sie mir das Urteil über Leben und 20
Tod sprechen! –

D a s F r ä u l e i n. Ohne weitere Überlegung! – So gewiß ich Ihnen den Ring zurückgegeben, mit welchem
Sie mir ehemals Ihre Treue verpflichtet, so gewiß Sie
diesen nämlichen Ring zurückgenommen: so gewiß soll 25
die unglückliche Barnhelm die Gattin des glücklichern
Tellheims nie werden!

v. T e l l h e i m. Und hiermit brechen Sie den Stab,
Fräulein?

D a s F r ä u l e i n. Gleichheit ist allein das feste Band 30
der Liebe. – Die glückliche Barnhelm wünschte, nur für
den glücklichen Tellheim zu leben. Auch die unglückliche Minna hätte sich endlich überreden lassen, das Unglück ihres Freundes durch sich, es sei zu vermehren
oder zu lindern. – Er bemerkte es ja wohl, ehe dieser 35
Brief ankam, der alle Gleichheit zwischen uns wieder
aufhebt, wie sehr zum Schein ich mich nur noch weigerte.

v. T e l l h e i m. Ist das wahr, mein Fräulein? – Ich
danke Ihnen, Minna, daß Sie den Stab noch nicht ge-
brochen. – Sie wollen nur den unglücklichen Tellheim? 40

Er ist zu haben. *(Kalt.)* Ich empfinde eben, daß es mir
unanständig ist, diese späte Gerechtigkeit anzunehmen, daß es besser sein wird, wenn ich das, was man
durch einen so schimpflichen Verdacht entehrt hat, gar
nicht wiederverlange. – Ja, ich will den Brief nicht
bekommen haben. Das sei alles, was ich darauf antworte und tue! *(Im Begriffe, ihn zu zerreißen.)*
Das Fräulein *(das ihm in die Hände greift).* Was
wollen Sie, Tellheim?
v. Tellheim. Sie besitzen.
Das Fräulein. Halten Sie!
v. Tellheim. Fräulein, er ist unfehlbar zerrissen,
wenn Sie nicht bald sich anders erklären. – Alsdann
wollen wir doch sehen, was Sie noch wider mich ein-
zuwenden haben!
Das Fräulein. Wie? In diesem Tone? – So soll ich,
so muß ich in meinen eigenen Augen verächtlich werden? Nimmermehr! Es ist eine nichtswürdige Kreatur,
die sich nicht schämet, ihr ganzes Glück der blinden
Zärtlichkeit eines Mannes zu verdanken!
v. Tellheim. Falsch, grundfalsch!
Das Fräulein. Wollen Sie es wagen, Ihre eigene
Rede in meinem Munde zu schelten?
v. Tellheim. Sophistin! So entehrt sich das schwä-
chere Geschlecht durch alles, was dem stärkern nicht
ansteht? So soll sich der Mann alles erlauben, was dem
Weibe geziemet? Welches bestimmte die Natur zur
Stütze des andern?
Das Fräulein. Beruhigen Sie sich, Tellheim! – Ich
werde nicht ganz ohne Schutz sein, wenn ich schon die
Ehre des Ihrigen ausschlagen muß. So viel muß mir
immer noch werden, als die Not erfodert. Ich habe
mich bei unserm Gesandten melden lassen. Er will
mich noch heute sprechen. Hoffentlich wird er sich
meiner annehmen. Die Zeit verfließt. Erlauben Sie,
Herr Major –
v. Tellheim. Ich werde Sie begleiten, gnädiges Fräulein. –
Das Fräulein. Nicht doch, Herr Major, lassen Sie
mich –

v. T e l l h e i m. Eher soll Ihr Schatten Sie verlassen!
Kommen Sie nur, mein Fräulein, wohin Sie wollen, zu
wem Sie wollen. Überall, an Bekannte und Unbe-
kannte, will ich es erzählen, in Ihrer Gegenwart des
Tages hundertmal erzählen, welche Bande Sie an mich   5
verknüpfen, aus welchem grausamen Eigensinne Sie
diese Bande trennen wollen –

ZEHNTER AUFTRITT

Just. Die Vorigen.

J u s t *(mit Ungestüm)*. Herr Major! Herr Major!   10
v. T e l l h e i m. Nun?
J u s t. Kommen Sie doch geschwind, geschwind!
v. T e l l h e i m. Was soll ich? Zu mir her! Sprich, was ist's?
J u s t. Hören Sie nur – *(Redet ihm heimlich ins Ohr.)*
D a s F r ä u l e i n *(indes beiseite zur Franziska)*. Merkst   15
du was, Franziska?
F r a n z i s k a. Oh, Sie Unbarmherzige! Ich habe hier
gestanden wie auf Kohlen!
v. T e l l h e i m *(zu Justen)*. Was sagst du? – Das ist
nicht möglich! – Sie? *(Indem er das Fräulein wild an-*   20
blickt.) – Sag es laut; sag es ihr ins Gesicht! – Hören
Sie doch, mein Fräulein! –
J u s t. Der Wirt sagt, das Fräulein von Barnhelm habe
den Ring, welchen ich bei ihm versetzt, zu sich genommen; sie habe ihn für den ihrigen erkannt und wolle   25
ihn nicht wieder herausgeben. –
v. T e l l h e i m. Ist das wahr, mein Fräulein? – Nein,
das kann nicht wahr sein!
D a s F r ä u l e i n *(lächelnd)*. Und warum nicht, Tellheim? – Warum kann es nicht wahr sein?   30
v. T e l l h e i m *(heftig)*. Nun, so sei es wahr! – Welch
schreckliches Licht, das mir auf einmal aufgegangen! –
Nun erkenne ich Sie, die Falsche, die Ungetreue!
D a s F r ä u l e i n *(erschrocken)*. Wer? wer ist diese Ungetreue?   35
v. T e l l h e i m. Sie, die ich nicht mehr nennen will!
D a s F r ä u l e i n. Tellheim!

v. T e l l h e i m. Vergessen Sie meinen Namen! – Sie kamen hierher, mit mir zu brechen. Es ist klar! – Daß der Zufall so gern dem Treulosen zustatten kömmt! Er führte Ihnen Ihren Ring in die Hände. Ihre Arglist wußte mir den meinigen zuzuschanzen.

D a s F r ä u l e i n. Tellheim, was für Gespenster sehen Sie! Fassen Sie sich doch, und hören Sie mich.

F r a n z i s k a *(vor sich)*. Nun mag sie es haben!

EILFTER AUFTRITT

Werner mit einem Beutel Gold. v. Tellheim.
Das Fräulein. Franziska. Just.

W e r n e r. Hier bin ich schon, Herr Major! –

v. T e l l h e i m *(ohne ihn anzusehen)*. Wer verlangt dich? –

W e r n e r. Hier ist Geld! tausend Pistolen!

v. T e l l h e i m. Ich will sie nicht!

W e r n e r. Morgen können Sie, Herr Major, über noch einmal so viel befehlen.

v. T e l l h e i m. Behalte dein Geld!

W e r n e r. Es ist ja Ihr Geld, Herr Major. – Ich glaube, Sie sehen nicht, mit wem Sie sprechen?

v. T e l l h e i m. Weg damit! sag ich.

W e r n e r. Was fehlt Ihnen? – Ich bin Werner.

v. T e l l h e i m. Alle Güte ist Verstellung, alle Dienstfertigkeit Betrug.

W e r n e r. Gilt das mir?

v. T e l l h e i m. Wie du willst!

W e r n e r. Ich habe ja nur Ihren Befehl vollzogen. –

v. T e l l h e i m. So vollziehe auch den und packe dich!

W e r n e r. Herr Major! *(ärgerlich)* ich bin ein Mensch –

v. T e l l h e i m. Da bist du was Rechts!

W e r n e r. Der auch Galle hat –

v. T e l l h e i m. Gut! Galle ist noch das Beste, was wir haben.

W e r n e r. Ich bitte Sie, Herr Major –

v. T e l l h e i m. Wievielmal soll ich dir es sagen? Ich brauche dein Geld nicht!

W e r n e r *(zornig).* Nun, so brauch es, wer da will! *(Indem er ihm den Beutel vor die Füße wirft und beiseite geht.)*
D a s   F r ä u l e i n *(zur Franziska).* Ah, liebe Franziska, ich hätte dir folgen sollen. Ich habe den Scherz zu weit 5 getrieben. – Doch er darf mich ja nur hören – *(Auf ihn zugehend.)*
F r a n z i s k a *(die, ohne dem Fräulein zu antworten, sich Wernern nähert).* Herr Wachtmeister! –
W e r n e r *(mürrisch).* Geh Sie! – 10
F r a n z i s k a. Hu! was sind das für Männer!
D a s   F r ä u l e i n. Tellheim! – Tellheim! *(Der vor Wut an den Fingern naget, das Gesicht wegwendet und nichts höret.)* – Nein, das ist zu arg! – Hören Sie mich doch! – Sie betrügen sich! – Ein bloßes Mißverständ- 15 nis – Tellheim! – Sie wollen Ihre Minna nicht hören? – Können Sie einen solchen Verdacht fassen? – Ich mit Ihnen brechen wollen? – Ich darum hergekommen? – Tellheim!

ZWÖLFTER AUFTRITT   20

Zwei Bediente nacheinander, von verschiedenen Seiten über den Saal laufend. Die Vorigen.

D e r   e i n e   B e d i e n t e. Gnädiges Fräulein, Ihro Exzellenz, der Graf! –
D e r   a n d e r e   B e d i e n t e. Er kömmt, gnädiges 25 Fräulein! –
F r a n z i s k a *(die ans Fenster gelaufen).* Er ist es! er ist es!
D a s   F r ä u l e i n. Ist er's? – Oh, nun geschwind, Tellheim – 30
v. T e l l h e i m *(auf einmal zu sich selbst kommend).* Wer? wer kömmt? Ihr Oheim, Fräulein? dieser grausame Oheim? – Lassen Sie ihn n u r kommen, lassen Sie ihn nur kommen! – Fürchten Sie nichts! Er soll Sie mit keinem Blicke beleidigen dürfen! Er hat es mit mir zu 35 tun. – Zwar verdienen Sie es um mich nicht –
D a s   F r ä u l e i n. Geschwind umarmen Sie mich, Tellheim, und vergessen Sie alles –

v. T e l l h e i m. Ha, wenn ich wüßte, daß Sie es bereuen könnten! –

Das F r ä u l e i n. Nein, ich kann es nicht bereuen, mir
den Anblick Ihres ganzen Herzens verschafft zu haben!
5 – Ah, was sind Sie für ein Mann! – Umarmen Sie Ihre
Minna, Ihre glückliche Minna; aber durch nichts glücklicher als durch Sie! *(Sie fällt ihm in die Arme.)* Und
nun, ihm entgegen! –

v. T e l l h e i m. Wem entgegen?

10 Das F r ä u l e i n. Dem besten Ihrer unbekannten
Freunde.

v. T e l l h e i m. Wie?

Das F r ä u l e i n. Dem Grafen, meinem Oheim, meinem Vater, Ihrem Vater – – Meine Flucht, sein Un-
15 wille, meine Enterbung – hören Sie denn nicht, daß
alles erdichtet ist? – Leichtgläubiger Ritter!

v. T e l l h e i m. Erdichtet? – Aber der Ring? der Ring?

Das F r ä u l e i n. Wo haben Sie den Ring, den ich
Ihnen zurückgegeben?

20 v. T e l l h e i m. Sie nehmen ihn wieder? – Oh, so bin
ich glücklich! – Hier, Minna! – *(Ihn herausziehend.)*

Das F r ä u l e i n. So besehen Sie ihn doch erst! – Oh,
über die Blinden, die nicht sehen wollen! – Welcher
Ring ist es denn? Den ich von Ihnen habe, oder den
25 Sie von mir? – Ist es denn nicht eben der, den ich in
den Händen des Wirts lassen wollen?

v. T e l l h e i m. Gott! was seh ich? was hör ich?

Das F r ä u l e i n. Soll ich ihn nun wiedernehmen? soll
ich? – Geben Sie her, geben Sie her! *(Reißt ihn ihm*
30 *aus der Hand und steckt ihn ihm selbst an den Finger.)*
Nun? ist alles richtig?

v. T e l l h e i m. Wo bin ich? – *(Ihre Hand küssend.)*
O boshafter Engel! – mich so zu quälen!

Das F r ä u l e i n. Dieses zur Probe, mein lieber Ge-
35 mahl, daß Sie mir nie einen Streich spielen sollen, ohne
daß ich Ihnen nicht gleich darauf wieder einen spiele.
– Denken Sie, daß Sie mich nicht auch gequälet hatten?

v. T e l l h e i m. O Komödiantinnen, ich hätte euch doch
kennen sollen.

40 F r a n z i s k a. Nein, wahrhaftig; ich bin zur Komö-

diantin verdorben. Ich habe gezittert und gebebt und
mir mit der Hand das Maul zuhalten müssen.
D a s   F r ä u l e i n. Leicht ist mir meine Rolle auch nicht
geworden. – Aber so kommen Sie doch!
v. T e l l h e i m. Noch kann ich mich nicht erholen. –   5
Wie wohl, wie ängstlich ist mir! So erwacht man plötzlich aus einem schreckhaften Traume!
D a s   F r ä u l e i n. Wir zaudern. – Ich höre ihn schon.

DREIZEHNTER AUFTRITT

Der Graf von Bruchsall, von verschiedenen Bedienten   10
und dem Wirte begleitet. Die Vorigen.

D e r   G r a f *(im Hereintreten)*. Sie ist doch glücklich
angelangt?
D a s   F r ä u l e i n *(die ihm entgegenspringt)*. Ah, mein
Vater! –   15
D e r   G r a f. Da bin ich, liebe Minna! *(Sie umarmend.)*
Aber was, Mädchen? *(Indem er den Tellheim gewahr*
wird.) Vierundzwanzig Stunden erst hier und schon
Bekanntschaft und schon Gesellschaft?
D a s   F r ä u l e i n. Raten Sie, wer es ist? –   20
D e r   G r a f. Doch nicht dein Tellheim?
D a s   F r ä u l e i n. Wer sonst als er? – Kommen Sie,
Tellheim! *(Ihn dem Grafen zuführend.)*
D e r   G r a f. Mein Herr, wir haben uns nie gesehen,
aber bei dem ersten Anblicke glaubte ich, Sie zu er-   25
kennen. Ich wünschte, daß Sie es sein möchten. – Umarmen Sie mich. – Sie haben meine völlige Hochach-
tung. Ich bitte um Ihre Freundschaft. – Meine Nichte,
meine Tochter liebet Sie.
D a s   F r ä u l e i n. Das wissen Sie, mein Vater! – Und   30
ist sie blind, meine Liebe?
D e r   G r a f. Nein, Minna, deine Liebe ist nicht blind,
aber dein Liebhaber – ist stumm.
v. T e l l h e i m *(sich ihm in die Arme werfend)*. Lassen
Sie mich zu mir selbst kommen, mein Vater! –   35
D e r   G r a f. So recht, mein Sohn! Ich höre es; wenn
dein Mund nicht plaudern kann, so kann dein Herz

doch reden. – Ich bin sonst den Offizieren von dieser
Farbe *(auf Tellheims Uniform weisend)* eben nicht gut.
Doch Sie sind ein ehrlicher Mann, Tellheim; und ein
ehrlicher Mann mag stecken, in welchem Kleide er will,
man muß ihn lieben.

Das Fräulein. Oh, wenn Sie alles wüßten! –

Der Graf. Was hindert's, daß ich nicht alles erfahre?
– Wo sind meine Zimmer, Herr Wirt?

Der Wirt. Wollen Ihro Exzellenz nur die Gnade
haben, hier hereinzutreten.

Der Graf. Komm, Minna! Kommen Sie, Herr Major!
(Geht mit dem Wirte und den Bedienten ab.)

Das Fräulein. Kommen Sie, Tellheim!

v. Tellheim. Ich folge Ihnen den Augenblick, mein
Fräulein. Nur noch ein Wort mit diesem Manne! *(Gegen Wernern sich wendend.)*

Das Fräulein. Und ja ein recht gutes; mich dünkt,
Sie haben es nötig. – Franziska, nicht wahr? *(Dem
Grafen nach.)*

VIERZEHNTER AUFTRITT

v. Tellheim. Werner. Just. Franziska.

v. Tellheim *(auf den Beutel weisend, den Werner
weggeworfen).* Hier, Just! – Hebe den Beutel auf, und
trage ihn nach Hause. Geh! –
(Just damit ab.)

Werner *(der noch immer mürrisch im Winkel gestanden und an nichts teilzunehmen geschienen, indem er
das hört).* Ja, nun!

v. Tellheim *(vertraulich auf ihn zugehend).* Werner,
wann kann ich die andern tausend Pistolen haben?

Werner *(auf einmal wieder in seiner guten Laune).*
Morgen, Herr Major, morgen. –

v. Tellheim. Ich brauche dein Schuldner nicht zu
werden, aber ich will dein Rentmeister sein. Euch gut-
herzigen Leuten sollte man allen einen Vormund setzen. Ihr seid eine Art Verschwender. – Ich habe dich
vorhin erzürnt, Werner! –

Werner. Bei meiner armen Seele, ja! – Ich hätte aber

doch so ein Tölpel nicht sein sollen. Nun seh ich's wohl.
Ich verdiente hundert Fuchtel. Lassen Sie mir sie auch
schon geben; nur weiter keinen Groll, lieber Major! –
v. T e l l h e i m. Groll? – *(Ihm die Hand drückend.)*
Lies es in meinen Augen, was ich dir nicht alles sagen   5
kann. – Ha! wer ein besseres Mädchen und einen red-
lichern Freund hat als ich, den will ich sehen! – Franziska, nicht wahr? *(Geht ab.)*

FUNFZEHNTER AUFTRITT

Werner. Franziska.   10

F r a n z i s k a *(vor sich)*. Ja gewiß, es ist ein gar zu
guter Mann! – So einer kömmt mir nicht wieder vor. –
Es muß heraus! *(Schüchtern und verschämt sich Wer-
nern nähernd.)* Herr Wachtmeister! –
W e r n e r *(der sich die Augen wischt)*. Nu? –   15
F r a n z i s k a. Herr Wachtmeister –
W e r n e r. Was will Sie denn, Frauenzimmerchen?
F r a n z i s k a. Seh Er mich einmal an, Herr Wacht-
meister. –
W e r n e r. Ich kann noch nicht; ich weiß nicht, was mir   20
in die Augen gekommen.
F r a n z i s k a. So seh Er mich doch an!
W e r n e r. Ich fürchte, ich habe Sie schon zuviel an-
gesehen, Frauenzimmerchen! – Nun, da seh ich Sie ja!
Was gibt's denn?   25
F r a n z i s k a. Herr Wachtmeister – – braucht Er keine
Frau Wachtmeisterin?
W e r n e r. Ist das Ihr Ernst, Frauenzimmerchen?
F r a n z i s k a. Mein völliger!
W e r n e r. Zöge Sie wohl auch mit nach Persien?   30
F r a n z i s k a. Wohin Er will!
W e r n e r. Gewiß? – Holla! Herr Major! nicht groß
getan! Nun habe ich wenigstens ein ebenso gutes Mäd-
chen und einen ebenso redlichen Freund als Sie! – Geb
Sie mir Ihre Hand, Frauenzimmerchen! Topp! – Über   35
zehn Jahr' ist Sie Frau Generalin oder Witwe!

Lessings Mitteilung unter dem Titel der Urhandschrift von „Minna von Barnhelm oder das Soldatenglück", die Komödie sei „verfertiget im Jahre 1763", gilt nur für die Konzeption und die ersten Skizzen und sollte wohl auch als Hinweis dafür dienen, daß der Handlungsablauf im August eben dieses Jahres 1763 zu denken ist. Damals war Lessing Gouvernementssekretär des Generalleutnants von Tauentzien in Breslau. Diese schlesische Kampagne, die ihm mitunter viel Freizeit brachte, erweiterte seine Literatur- und Menschenkenntnis bedeutend, sie erfrischte ihn, sie war wohl die weltfreudigste Periode seines Lebens und nach eigener Formulierung eine „ernstliche Epoche" zugleich. Die damals gewonnenen Einblicke in die Welt und das „Soldatenglück" verarbeitete er aber mehr als zu der angegebenen Zeit erst im darauffolgenden Jahr. Während heiterer Frühlingsmorgenstunden entstanden im Göldnerischen Garten auf dem Breslauer Bürgerwerder große Teile der Komödie. Am 20. August 1764, von einer heftigen Krankheit genesen, schrieb Lessing an seinen Freund Karl Wilhelm Ramler zum ersten Mal über das neue Stück:

Ich brenne vor Begierde, die letzte Hand an meine Minna von Barnhelm zu legen; und doch wollte ich auch nicht gern mit halbem Kopfe daran arbeiten. Ich habe Ihnen von diesem Lustspiele nichts sagen können, weil es wirklich eins von meinen letzten Projekten ist. Wenn es nicht besser, als alle meine bisherigen dramatischen Stücke wird, so bin ich fest entschlossen, mich mit dem Theater gar nicht mehr abzugeben. Es könnte doch sein, daß ich zu lange gefeiert hätte.

1765 in Berlin ging er mit Ramler noch einmal Akt für Akt durch und verfertigte eine zierliche Reinschrift. Gedruckt erschien „Minna von Barnhelm" zuerst Ostern

*1767 in Berlin bei Christian Friedrich Voß, und zwar
gleichzeitig als Einzelausgabe und in einem Sammelband
von Lessings Lustspielen, somit Fortschritt und individu-
ellen Höhepunkt in dieser Gattung bezeichnend.*

*Für die literaturgeschichtliche Wertung und die allge-
meine Einschätzung der Lessingschen Leistung wurde das
von Goethe 1812 aus der Rückschau des Alters im 7. Buch
von „Dichtung und Wahrheit" niedergeschriebene Urteil
maßgebend. Die berühmte Stelle lautet:*

Eines Werks aber, der wahrsten Ausgeburt des Siebenjährigen Krieges, von vollkommenem norddeutschen
Nationalgehalt, muß ich hier vor allen ehrenvoll erwähnen; es ist die erste aus dem bedeutenden Leben gegrif-
fene Theaterproduktion, von spezifisch temporärem Ge-
halt, die deswegen auch eine nie zu berechnende Wirkung
tat: „Minna von Barnhelm". Lessing, der im Gegensatze
von Klopstock und Gleim die persönliche Würde gern
wegwarf, weil er sich zutraute, sie jeden Augenblick wieder ergreifen und aufnehmen zu können, gefiel sich in
einem zerstreuten Wirtshaus- und Weltleben, da er gegen
sein mächtig arbeitendes Innere stets ein gewaltiges Ge-
gengewicht brauchte, und so hatte er sich auch in das
Gefolge des Generals Tauentzien begeben. Man erkennt
leicht, wie genanntes Stück zwischen Krieg und Frieden,
Haß und Neigung erzeugt ist. Diese Produktion war es,
die den Blick in eine höhere, bedeutendere Welt aus der
literarischen und bürgerlichen, in welcher sich die Dicht-
kunst bisher bewegt hatte, glücklich eröffnete.

Die gehässige Spannung, in welcher Preußen und Sachsen sich während dieses Krieges gegen einander befanden,
konnte durch die Beendigung desselben nicht aufgehoben
werden. Der Sachse fühlte nun erst recht schmerzlich die
Wunden, die ihm der überstolz gewordene Preuße ge-
schlagen hatte. Durch den politischen Frieden konnte der
Friede zwischen den Gemütern nicht sogleich hergestellt
werden. Dieses aber sollte gedachtes Schauspiel im Bilde
bewirken. Die Anmut und Liebenswürdigkeit der Säch-
sinnen überwindet den Wert, die Würde, den Starrsinn
der Preußen, und sowohl an den Hauptpersonen als
den Subalternen wird eine glückliche Vereinigung bi-

zarrer und widerstrebender Elemente kunstgemäß dargestellt.

Diese Sätze lassen erkennen, wie sehr Lessings Komödie bei ihrem Erscheinen ein Zeitstück war, das aus den Erfahrungen der Umwelt gewonnen, mächtig wiederum in diese Umwelt hineinwirkte. Doch bedurfte es, da so auch politische Empfindlichkeiten berührt wurden, eines gewissen Anlaufs, bis sich das Stück durchsetzen konnte. Nicht nur die Figur des Riccaut erregte Anstoß, so daß man epigrammatisch schrieb: „Doch fragen viele – nicht Franzosen bloß: Der Schurk im Stück, warum ist er Franzos?" Vielmehr fürchtete man Preußen zu verletzen, indem die entlassenen Freibataillone oder Seine Majestät im Theater erwähnt wurden, indem von der „exakten Polizei" die Rede war und Franziska sagte: „Wenn die Soldaten paradieren, ja freilich scheinen sie da mehr Drechslerpuppen als Männer." So hatte man gerade in Hamburg, wo Lessing inzwischen als Dramaturg wirkte, in einem Spanien zuliebe ausgesprochenen Verbot des „Clavigo" den willkommenen Präzedenzfall für ein Verbot der „Minna" Preußen zuliebe. Nach Aufführungen in Frankfurt und Wien (beide ohne Riccaut) brachte erst die Anerkennung in Leipzig und Berlin dem Stück den eigentlichen Durchbruch. Der Erfolg in Berlin allerdings am 21. März 1768 war außerordentlich. Und nun, mit quasi einjähriger Verspätung, wurde „Minna" nicht nur überall aufgeführt, sondern nach der Mode der Zeit auch von Chodowiecki in Kupfer gestochen, in die Kalender aufgenommen und auf Punschgläser gemalt. Das theatergeschichtliche Verdienst, das Lessing mit dem damaligen Erfolg seiner Komödie zukommt, nämlich das Ansprechen eines einheitlichen großen Publikums, hatte bereits am 29. März 1768 Anna Louise Karsch, die Karschin, in einem Brief an Gleim hervorgehoben:

Vor ihm hat's noch keinem deutschen Dichter gelungen, daß er den Edeln und dem Volk, dem Gelehrten und Laien zugleich eine Art von Begeisterung eingeflößt und so durchgängig gefallen hätte.

Von dieser Wirkung sprechen die verschiedensten Zeugnisse der Zeit. So rückte Matthias Claudius, als die

Ackermannsche Truppe 1769 das Stück in Hamburg wieder aufnahm, eine fiktive „Korrespondenz zwischen Fritz, seinem Vater und seiner Tante" in die „Hamburgischen Addreß-Comtoir-Nachrichten". Darin gibt der „naive unwissende Jüngling" Fritz sein erstes Theatererlebnis kund, die Handlung des Lustspiels für eine rechte Realität nehmend, und beeindruckt schließt er:

Vetter Steffen sagte mir im Vertrauen, daß ein Mann, der Lessing heißt und der sich hier aufhalten soll, diese ganze Geschichte gemacht habe. – Nun so vergeb's ihm Gott, daß er dem Major und dem armen Fräulein so viel Unruhe gemacht hat. Ich will gewiß den Hut nicht vor ihm abnehmen, wenn er mir begegnet. Aber zehn Taler wollte ich darum geben, wenn ich noch einmal eine solche Geschichte mit ansehen könnte. Mir war den ganzen Abend das Herz so groß und so warm – ich hatte einen so heißen Durst nach edlen Taten – ja ich glaube wahrhaftig, wenn man solche Leute oft sähe, man könnte endlich selbst rechtschaffen und großmütig mit ihnen werden.

Der Vater antwortet Fritz darauf: Wenn Dir Lessing begegnet, kannst Du immer den Hut vor ihm abnehmen.

Aus Straßburg, vom 20. September 1770 datiert der Brief, den Herder *über „Minna von Barnhelm" an Caroline Flachsland schreibt. Dem Präzeptor seiner Braut ist auch Lessings Lustspiel willkommener Anlaß, als ein Streiter für das Originale gegen das Gekünstelte zu dozieren:*

„Minna gefällt Ihnen nicht, als Komödie, und von Komödien hat Ihnen noch keine gefallen!" Gut, meine liebe Freundin, aber warum müssen Sie sie als Komödie lesen? ... Ich lese Minna als eine kleine dialogierte Geschichte, wo ich insonderheit die Andeutung menschlicher Seelen, Handlungen, Charaktere, Reden, Worte studiere; Verwicklung und Entwicklung, Plan und Fabel, untergeordnete und Hauptszenen geht mich nichts an. Nun sagen Sie mir einmal, kleine eigensinnige Tadlerin! wie hat Ihnen der Charakter von Tellheim nicht gefallen können! Dieser Mann denkt so edel, so stark, so gut und zugleich so empfindsam, so menschlich, gegen alles, wie es sein muß, gegen Minna und Just, gegen Werner und die

Oberstin, gegen den Pudel und gegen den Wirt, daß er, außer den kleinen Soldatenlichte, das ich ihm lasse, ganz mein Mann ist! Freilich ist er gegen die Minna kein Petrarca, gegen den Wirt kein Herrnhuter, gegen Justen kein Lammskerl, und gegen Werner kein weicher Narr; aber er ist überall Major, der edelste, stärkste Charakter, der immer mit einer gewissen Würde und Härte handelt, ohne die keine Mannsperson sein sollte. In allem, was er sagt, würde ich kein Wort ändern, selbst bis auf die Stelle, wo er mit dem bittern ruhigen Lachen den härtesten Fluch gegen die Vorsehung redet – denn ach! auch dazu gehört, wenn man in die Situation kommt, Stärke und Mannheit, die freilich unsre gemeine christliche, feige, heuchlerische Seelen nicht haben. Die Pistolen hangen nicht vergebens hinter seinem Bett, und auch selbst den Zug verzeihe ich ihm: er ist überall der brave Tellheim. Aber nun seine Minna? ja, die opfere ich Ihnen, das habe ich gleich gesagt, ganz auf. Meine Minna ist's nicht: was kann ich davor, daß es Lessings seine ist und daß er von den Weibern so schwache tändelnde und komödiantenmäßige Begriffe hat? Mir gefällt sie gar nicht, außer in ein paar Stellen, und just eben da, wo das Eine Schwachheit ist und Überlaufen des Herzens (wo sie betet und den Armen gibt) und das zweite Mal da, wo sie ganz aus ihrem Charakter geht und auf die ernsthafteste Art dem verzweifelnden Tellheim zuspricht. Sie spricht sonst freilich immer, wie sie denkt; nur für mich denkt sie nicht gesetzt genug: ihre Natur ist für mich nicht schön; aber „unnatürlich" spricht sie, dünkt mich, nie. „Daß Kammermädchen, Soldat und Wirt sich in die delikate Situation der Liebe mit einmischen, gefällt mir durchaus nicht!" Das konnte meine so billig denkende, menschenfreundliche Caroline schreiben? Soll Soldat und Kammermädchen nicht lieben? und jedes auf seine Art lieben, so delikat und undelikat als ihre Seele gemacht ist? . . . Will meine kleine billige Menschenfreundin denn nicht, daß jeder nach seiner Art sei und glücklich sei? Warten Sie, wenn ich nach Darmstadt komme, will ich Ihnen das Stück vorlesen und ich trotze Ihrer Kritik. In Eutin war jeder dagegen so eingenommen, daß Prinz und Hofdamen

die Nase rümpften; ich las es vor, und ich habe Briefe,
daß sie es jetzt spielen. Vermutlich schlecht; aber sie spielen's doch und wünschen mich dazu.

Die privaten Bühnen und Liebhaberaufführungen an
Höfen und Universitäten trugen tatsächlich Bedeutendes
zum Ruhme des Stückes bei. Am Hofe zu Gotha spielte
Moritz August Thümmel den Wachtmeister mit großer
Vollkommenheit. Goethe hatte „Minna" in Leipzig im
Theater gesehen und wirkte auch im Winter 1767/68 selbst
mit, als man in privatem, bürgerlichem Kreise eine Auf-
führung einstudierte. Wie er die Komödie gerade im
Gegensatz zu Herder aufgenommen, wie er sie in der
Leipziger Rokokokultur viel formbewußter und kunst-
verständiger angesehen hatte, bestätigen späte Erinne-
rungen. Im 8. Buch von „Dichtung und Wahrheit" schreibt
er anläßlich seiner Arbeit an den „Mitschuldigen":

Lessing hatte in den zwei ersten Akten der „Minna"
ein unerreichbares Muster aufgestellt, wie ein Drama zu
exponieren sei, und es war mir nichts angelegener, als in
seinen Sinn und seine Absichten einzudringen.

Ähnliches klingt auch noch einmal ein Jahr vor seinem
Tod an, wenn Eckermann *unter dem 27. März 1831 auf-*
zeichnet:

Ich sagte, daß ich mit dem Prinzen „Minna von Barnhelm" angefangen, und wie vortrefflich mir dieses Stück
erscheine. „Man hat von Lessing behauptet", sagte ich,
„er sei ein kalter Verstandsmensch; ich finde aber in diesem Stück so viel Gemüt, liebenswürdige Natürlichkeit,
Herz und freie Weltbildung eines heiteren, frischen Lebemenschen, als man nur wünschen kann."

„Sie mögen denken", sagte Goethe, „wie das Stück auf
uns jungen Leute wirkte, als es in jener dunklen Zeit
hervortrat. Es war wirklich ein glänzendes Meteor. Es
machte uns aufmerksam, daß noch etwas Höheres existiere, als wovon die damalige schwache literarische
Epoche einen Begriff hatte. Die beiden ersten Akte sind
wirklich ein Meisterstück von Exposition, wovon man
viel lernte, und wovon man noch immer lernen kann."

Vor allem die romantische Generation hatte Lessings
poetische Begabung herabgesetzt, hatte das Wort vom

kalten Verstandesmenschen aufgebracht. August Wilhelm
Schlegel *bedachte ihn in seinen Berliner Vorlesungen
wenig freundlich. 1808 in Wien klang es kaum besser:*

Lessing war nach seinem eignen Geständnisse kein
Dichter und hat in seinem reiferen Alter nur wenig dra-
matische Arbeiten mühsam hervorgebracht. Minna von
Barnhelm ist ein wahres Lustspiel der feineren Art, in
der Form hält es die Mitte zwischen der französischen
und englischen Weise, der Geist der Erfindung aber und
der geschilderte gesellige Ton ist eigentümlich deutsch.
Alles ist sogar örtlich bestimmt, und die Anspielungen
auf merkwürdige Zeitumstände nach dem Siebenjährigen Kriege trugen nicht wenig zu dem außerordentlichen
Glücke bei, welches dies Schauspiel damals machte. Der
ernsthafte Teil ist nicht frei von witzelnder Ziererei im
Ausdruck des Gefühls, und das Verhältnis der beiden
Liebenden ist bis zur Peinlichkeit auf die Spitze gestellt.
Die komischen Nebenfiguren aber sind mit drolliger Laune
gezeichnet und haben ein echtdeutsches Gepräge.

Madame de Staël, *die in jenen Jahren auf Reisen gegangen war, um das geistige Deutschland zu entdecken,
und sich von* Schlegel *manche Kenntnisse über deutsche
Literatur und Philosophie vermitteln ließ, urteilte sehr
viel positiver:* Vor Lessing gab es kein deutsches Theater.
*Im 16. Kapitel des zweiten Teiles ihres Buches „Über
Deutschland" berichtet sie ihren Landsleuten über „Minna
von Barnhelm":*

Ein Offizier von edlem Charakter sieht sich, nachdem
er mehrere Wunden im Heeresdienst empfangen hat,
plötzlich durch einen ungerechten Prozeß in seiner Ehre
bedroht; dabei will er der Frau, die er liebt und von der
er geliebt wird, seine Liebe nicht wissen lassen, da er
entschlossen ist, sie nicht durch eine Heirat in sein Unglück zu verwickeln. Das ist das ganze Thema in „Minna
von Barnhelm". Lessing hat mit diesen einfachen Mitteln
ein großes Interesse wachzurufen gewußt. Der Dialog ist
geistvoll und anmutig, der Stil äußerst rein, und jede
Person ist so charakteristisch gezeichnet, daß die klein-
sten Schattierungen in ihren Gefühlen uns interessieren
wie die vertrauliche Mitteilung eines Freundes. Der Cha-

rakter eines alten Sergeanten, der dem jungen verfolgten Offizier mit Leib und Seele ergeben ist, bildet eine glückliche Mischung aus Heiterkeit und Empfindsamkeit. Diese Rolle findet stets Beifall auf der Bühne: die Heiterkeit erregt mehr Gefallen, wenn man weiß, daß sie nicht aus dem Leichtsinn entspringt, und die Empfindsamkeit scheint natürlicher, wenn sie nur zeitweilig zum Vorschein kommt. In demselben Stück findet sich auch noch die Figur eines französischen Abenteurers, die jedoch vollständig verfehlt ist. Um das Lächerliche an den Franzosen herauszufinden und zu schildern, bedarf es einer leichten Hand, die meisten Ausländer zeichnen sie in starken Zügen, deren Ähnlichkeit weder fein noch treffend ist.

Distanzierte Betrachtung und Bewunderung aus Distanz charakterisieren schließlich zwei bedeutende Dichterstimmen des 19. Jahrhunderts. Grillparzer *notiert 1822 in sein Tagebuch:*

Gelesen: Minna von Barnhelm, zum zweiten Mal. Was für ein vortreffliches Stück! offenbar das beste deutsche Lustspiel. Lustspiel? Nu ja, Lustspiel; warum nicht? So echt deutsch in allen seinen Charakteren, und gerade darin einzig in der deutschen Literatur. Da ist kein französischer Windbeutel von Bedienten, der Vertraute seines Herrn; sondern der derbe, grobe, deutsche Just. Der Wirt freilich ganz im allgemeinen Wirtscharakter; aber dagegen wieder Franziska! Wie redselig und schnippisch und doch seelengut und wacker und bescheiden. Kein Zug vom französischen Kammermädchen, das doch die deutschen im Leben und auf dem Theater ihren Ursprung verdanken. Minna, von vornherein herrlich. Wenn man diesen Charakter zergliedern wollte, so käme durchaus kein Bestandteil heraus, von dem man sich irgend Wirkung versprechen könnte, und doch, demungeachtet, oder wohl eben gerade darum, in seinem Ganzen so vortrefflich. Ganz aus einer Anschauung entstanden, ohne Begriff. Ihre Verstellung gegen das Ende zu möchte zwar etwas über ihren Charakter hinausgehen, aber in der Hitze der Ver- und besonders Entwicklung, und über der Notwendigkeit zu schließen, ist ja selbst Molièren oft derlei Menschliches begegnet. Tellheim wohl am meisten aus einem Begriff entstanden, aber begreiflich, weil er nach einem Begriff handelnd eingeführt wird – Der Wachtmeister herrlich, sein Verhältnis zu Franzisken, so wie der Schluß, göttlich! In der Behandlung des Ganzen vielleicht zu viele Spuren des Überdachten, Vorbereiteten, aber auch wieder so viel wahre glückliche Naturzüge! Die Sprache unübertrefflich! Deutsch: schlicht und ehrlich. Man sollte das Stück durchaus in einem Kostüm spielen, das sich dem der Zeit des Siebenjährigen Krieges annäherte: nicht ganz dasselbe, um nicht lächerlich zu sein, aber auch nicht ganz modern, denn die Gesinnungen des Stückes stechen zu sehr von den heutigen ab.

Otto Ludwig *schreibt in seinen „Dramatischen Studien"*:

Bei Gelegenheit der Minna von Barnhelm, die ich in diesen Tagen wieder las, habe ich Lessing von neuem bewundert. Die Sage, er sei kein Dichter, sollte doch wirklich einmal in ihr Nichts zurückgehen. Ein einfachstes Samenkorn von Stoff so auszuschwellen, daß man beständig interessiert wird, ist wahrlich nicht Sache des Verstandes allein. Dieser hat allerdings sein Mögliches getan. Der Eindruck des Ganzen wird durch den Eindruck jedes Einzelnen weise unterstützt, nie gestört oder in der Richtung verschoben ... Der Dialog erinnert sehr an Shakespeare; doch wüßte ich unter allen deutschen Nachfolgern Shakespeares keinen, selbst Goethe nicht, noch weniger Schiller, der sich „an diesem fremden Feuer so bescheiden gewärmt hätte", als Lessing; keinen, der originaler ihm gegenüberstände und dabei die Haupteigenschaft Shakespeares, die Geschlossenheit und Architektonik, wenn auch nur im Kleinen, aufwiese.

B.

Gotthold Ephraim Lessing

IN RECLAMS UNIVERSAL-BIBLIOTHEK

Philipp Reclam jun. Stuttgart